国家智库报告 2019（15）
National Think Tank

经 济

中国工业经济运行夏季报告（2019）

中国社会科学院工业经济研究所工业经济形势分析课题组 著

SUMMER REPORT OF CHINA INDUSTRIAL ECONOMICS OPERATION ANALYSIS (2019)

中国社会科学出版社

图书在版编目（CIP）数据

中国工业经济运行夏季报告.2019/中国社会科学院工业经济研究所工业经济形势分析课题组著.—北京：中国社会科学出版社，2019.9

（国家智库报告）

ISBN 978-7-5203-5004-4

Ⅰ.①中… Ⅱ.①中… Ⅲ.①工业经济—研究报告—中国—2019 Ⅳ.①F42

中国版本图书馆 CIP 数据核字（2019）第 197454 号

出 版 人	赵剑英
项目统筹	喻 苗
责任编辑	王 衡
责任校对	朱妍洁
责任印制	李寡寡

出 版	中国社会科学出版社
社 址	北京鼓楼西大街甲 158 号
邮 编	100720
网 址	http://www.csspw.cn
发行部	010-84083685
门市部	010-84029450
经 销	新华书店及其他书店

印刷装订	北京君升印刷有限公司
版 次	2019 年 9 月第 1 版
印 次	2019 年 9 月第 1 次印刷

开 本	787×1092 1/16
印 张	5
字 数	50 千字
定 价	28.00 元

凡购买中国社会科学出版社图书，如有质量问题请与本社营销中心联系调换
电话：010-84083683
版权所有 侵权必究

主　　　　编：史　丹

副　主　编：李雪松　李海舰　张其仔

编　　　委：白　玫　邓　洲　郭朝先
　　　　　　贺　俊　江飞涛　李　钢
　　　　　　李　鹏　李鹏飞　李晓华
　　　　　　刘戒骄　刘　勇　王秀丽
　　　　　　王燕梅　肖红军　杨丹辉
　　　　　　叶振宇　余　菁　张航燕
　　　　　　张金昌　张艳芳　朱　彤

本报告执笔人：张航燕　江飞涛　王秀丽
　　　　　　　　　李　鹏

摘要：2019年上半年，中国工业经济下行压力增加，中部工业保持较高增长，工业投资增幅回落，工业出口增长放缓。工业成本费用增加，企业生产经营难度增大，特别是外商及港澳台投资企业尤为严重。预计下半年中国工业仍将面临较大的下行压力。下半年，中国工业经济发展应该充分体现短期应对与中长期改革发展相结合的思想，一方面扩需求，努力实现工业经济平稳较快发展，另一方面继续保持战略定力和战略耐心，深化供给侧结构性改革，全力推动工业经济高质量发展。

Abstract: in the first half of 2019, the downward pressure of China's industrial economy increased, the industry in central China maintained a relatively high growth rate, the growth rate of industrial investment fell back, and the growth of industrial exports slowed down. With the increase of industrial costs, it is more difficult for enterprises to produce and operate, especially for foreign-invested enterprises and Hong Kong, Macao and Taiwan invested enterprises. It is expected that China's industry will still face greater downward pressure in the second half of the year. In the second half of the year, China's industrial economic development should fully embody the idea of combining short-term response with medium-term and long-term reform and development. On the one hand, it should expand demand and strive to achieve stable and rapid development of industrial economy. On the other hand, it should continue to maintain strategic determination and patience, deepen supply-side structural reform and make every effort to promote high-quality development of industrial economy.

目 录

一 2019年上半年工业经济总体运行分析 ……（2）

二 2019年上半年工业经济行业运行分析 ……（10）
 （一）原材料工业 ……………………………（10）
 （二）装备工业 ………………………………（21）
 （三）消费品工业 ……………………………（26）

三 2019年工业经济增长预测与展望 …………（33）
 （一）用BP滤波建立工业增长时间趋势
   模型和周期波动模型 ………………（34）
 （二）中国工业运行趋势 ……………………（40）

四 中国工业经济政策建议 ……………………（45）
 （一）适度调低增速预期，提高产能利用率，
   积极推进结构转型 …………………（45）

（二）加强顶层设计，重视功能型产业
政策 …………………………………………（47）
（三）促进内需消费升级 …………………（49）
（四）继续扩大国际市场，发展高水平
对外开放 …………………………………（50）
（五）增强金融的服务功能 …………………（52）

附录一 聚力打造中国制造业竞争新优势 ……（54）
（一）国际分工格局发生深刻变化 …………（54）
（二）制造业传统优势呈现新趋势 …………（57）
（三）培育制造业竞争新优势的着力点 ……（61）

附录二 主要经济体经济指标 ………………（64）

2019年上半年，中国工业经济下行压力增加，中部工业保持较高增长，工业投资增幅回落，工业出口增速放缓。工业成本费用增加，企业生产经营难度增大，特别是外商及港澳台投资企业尤为严重。预计下半年中国工业仍将面临较大的下行压力。下半年中国工业经济发展应该充分体现短期应对与中长期改革发展相结合思想，一方面扩需求，努力实现工业经济平稳较快发展，另一方面继续保持战略定力和战略耐心，深化供给侧结构性改革，全力推动工业经济高质量发展。

一　2019年上半年工业经济总体运行分析

2019年上半年，中国工业经济下行压力增加，中部工业保持较高增长，工业投资增幅回落，工业出口增速放缓。工业成本费用增加，企业生产经营难度增大，特别是外商及港澳台投资企业尤为严重。

1. 工业生产下行趋势明显

2019年上半年，规模以上工业增加值同比增长6.0%，比2019年第1季度和2018年全年分别减少0.5个和0.2个百分点，呈现出下行特征。分类别看，上半年，采矿业增加值同比增长3.5%，比2019年第1季度和2018年全年分别提高1.0个和0.9个百分点；制造业增加值同比增长6.4%，比2019年第1季度和2018年全年分别回落0.8个和0.1个百分点；电力、热力、燃气及水的生产和供应业增长7.3%，比2019年第1季度提高0.2个百分点,但比2018年全年回落2.2个百分点。伴随供给侧结构性改革的推进,新兴产业保持强劲增长势头。2019年上半年工业领域高技术制造业增加值同比增长9.0%,快于规模以上工业3.0个百分点。

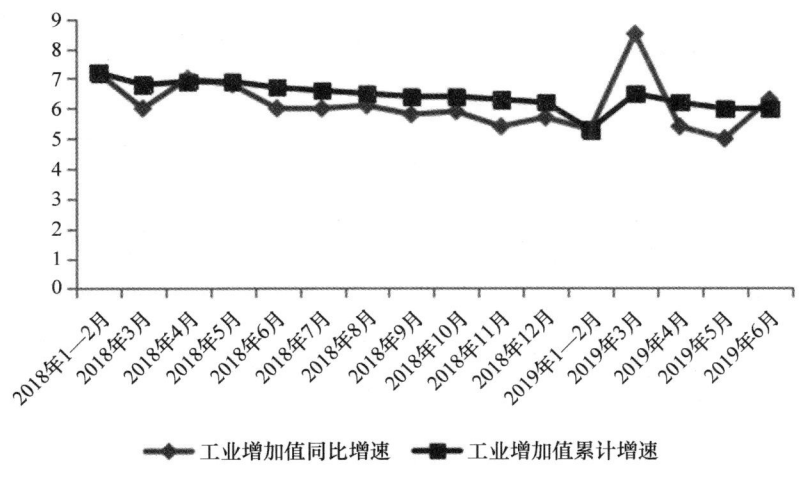

图1 2018年以来规模以上工业增加值增速(单位:%)

资料来源:国家统计局网站。

2. 中部工业保持较高增长

2019年上半年,中部地区工业保持较高增速。分月来看,1—2月、3月、4月、5月和6月中部地区工业增加值同比分别增长8.7%、9.6%、7.7%、7.1%和8.5%,分别高于工业平均增速3.4个、1.1个、2.3个、2.1个和2.2个百分点。东北地区工业自2019年4月开始,连续2个月出现负增长后,6月工业增加值增速实现由负转正。4月和5月,东北地区工业同比分别下降0.1%和0.4%，6月东北地区工业同步增长4.3%。东部和西部地区工业增速出现较大波动，呈现"V"形走势。3月，东部地区和西部地区工业同比分别增长10.3%和7.5%，4月分别减少至2.5%和4.0%，6月增加至6.1%和7.9%。

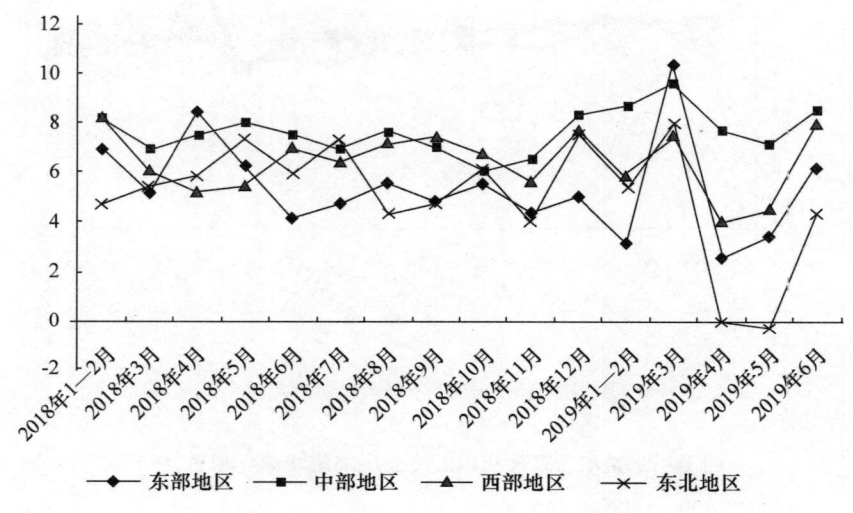

图2 2018年以来地区工业增加值同比增速（单位:%）

资料来源：国家统计局网站。

3. 工业投资增幅回落，但结构优化

2019年上半年，工业投资同比增长3.3%，增速比2019年第1季度和2018年全年分别回落1.1个和3.2个百分点。其中制造业投资增长3.0%，增速比2019年第1季度和2018年全年分别回落1.6个和6.5个百分点。虽然工业投资放缓，但是投资结构优化。一方面制造业转型升级稳步推进，上半

年制造业技术改造投资增长 13.1%，增速高于全部制造业投资 10.1 个百分点。另一方面，高技术产业投资增长态势良好，高技术制造业投资增长 10.4%，高于全部制造业投资 7.4 个百分点；其中，电子及通信设备制造业投资增长 13.1%，医疗仪器设备及仪器仪表制造业投资增长 12.4%，医药制造业投资增长 8.4%。

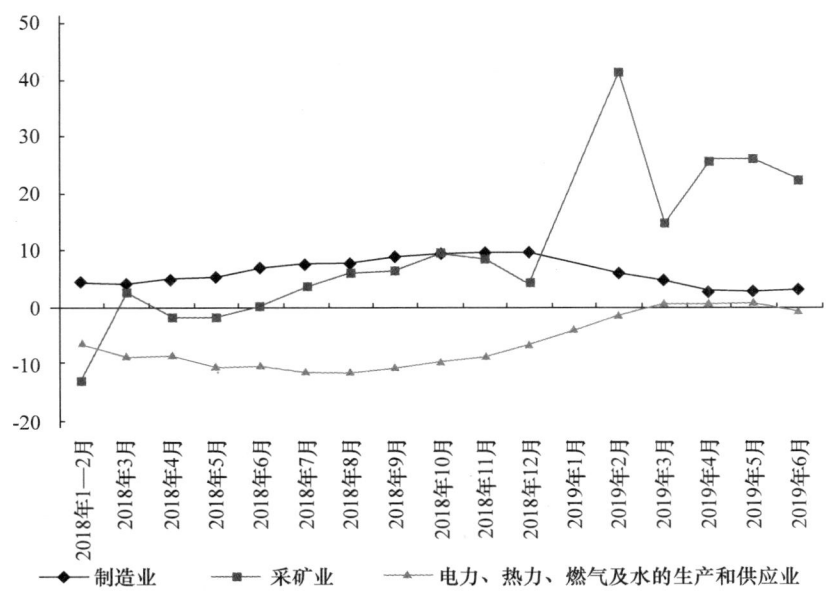

图 3　2018 年以来工业固定资产投资增速（单位:%）

资料来源：国家统计局网站。

4. 工业出口增速放缓

受中美贸易摩擦影响，工业出口增速明显放缓。2019 年上半年，工业企业实现出口交货值 58361.4

亿元，同比名义增长4.2%，较2019年第1季度和2018年全年分别减少0.6个和4.3个百分点。特别是制造业中的石油加工、炼焦及核燃料加工业，化学原料及化学制品制造业，烟草制品业，黑色金属冶炼及压延加工业，汽车制造业出口交货值增速较2018年全年出现较大幅度的下降，分别减少53.3个、16.7个、13.9个、9.7个和7.7个百分点。分月来看，受中美贸易摩擦影响，工业出口波动显著。特别是2019年5月工业出口交货值同比增长0.7%，较4月的7.6%减少了6.9个百分点。

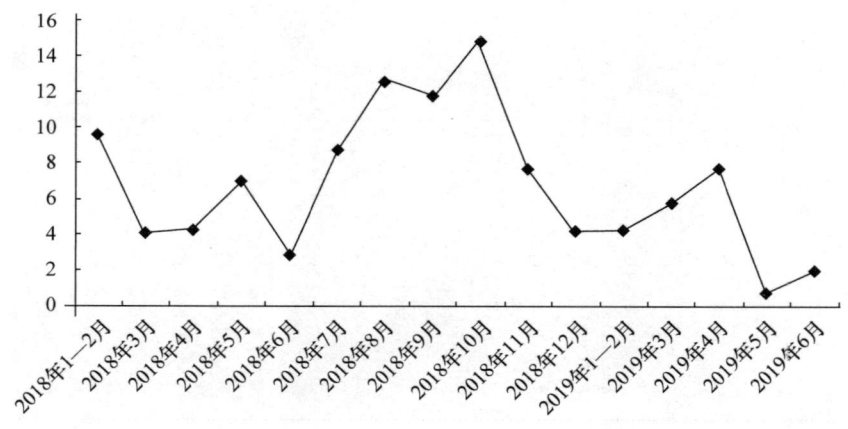

图4　2018年以来工业出口交货值同比增速（单位:%）

资料来源：国家统计局网站。

5. 企业盈利空间下降

受生产综合成本上升和产品出厂价格下降的双重挤压，企业盈利空间下降。2019年上半年，全国规模以上工业企业实现利润总额29840.0亿元,同比下降2.4%,降幅较1—3月收窄1.1个百分点。其中,黑色金属矿采选业,烟草制品业,铁路、船舶、航空航天和其他运输设备制造业,文教、工美、体育和娱乐用品制造业,有色金属冶炼及压延加工业等行业利润改善显著。2019年上半年黑色金属矿采选业、烟草制品业、有色金属冶炼及压延加工业利润由2018年同比下降转为增长,2019年上半年,这3个行业利润同比分别增长327.3%、28.7%和3.1%;铁路、船舶、航空航天和其他运输设备制造业,文教、工美、体育和娱乐用品制造业,电气机械及器材制造业,非金属矿采选业,家具制造业利润同比分别增长33.2%、21.7%、13.0%、25.6%和13.4%,增速较2018年分别提高27.4个、14.6个、12.0个、10.7个和9.1个百分点。

6. 经营难度增大,工业成本费用增加

2019年上半年,工业企业每百元营业收入中的成本和费用合计为92.99元,较2018年同期增加了0.42元。企业营运能力减弱。2019年6月底,工业企业产成品存货周转天数为17.2天,同比增加0.8天;应收票据及应收账款平均回收期为54.4天,同比增加7.9天。规模以上工业企业单位数量减少、亏损企业数量和亏损额增加。6月底,规模以上工业企业共有366187个，较2018年同期减少7057个；亏损企业有74749个，较2018年同期增加5562个；上半年，亏损企业亏损额为4667.7亿元，较2018年同期增加503.1亿元。

7. 外商及港澳台投资企业经营难度大

2019年6月底，外商及港澳台商投资企业产成品存货周转天数为18.0天，分别高于国有控股企业、私营企业和股份制企业3.8个、1.3个和0.4个百分点；外商及港澳台商投资企业应收票据及应收账款平均回收期为68.9天，分别高于国有控股企业、私营企业和股份制企业19.0天、24.1天和17.0天。6月底，外商及港澳台投资企业单位数量为46296个，比2018年同期减少1362个；上半年，亏损企业亏损额达891.4亿元，较2018年同期增加77.1亿元。外商及港澳台投资企业数量减少需要引起注意。6月底，在主要工业企业类型中，国有及国有控股工业企业、外商及港澳台投资企业、股份制工业企业和私营工业企业单位数量均出现了减少。外商及港澳台投资企业数量减少幅度为2.9%，高出国有及国有控股工业企业、股份制工业企业和私营工业企业2.8个、1.5个和2.4个百分点。

表1　　2019年6月底不同类型工业企业产成品存货
周转天数、应收票据及应收账款平均回收期　　　　单位：天

	产成品存货周转天数	应收票据及应收账款平均回收期
工业企业	17.2	54.4
国有控股企业	14.2	49.9
私营企业	16.7	44.8
股份制企业	17.6	51.9
外商及港澳台商投资企业	18.0	68.9

资料来源：国家统计局网站。

二　2019年上半年工业经济行业运行分析

本报告行业划分参照工业与信息化部的划分标准，将工业行业分为四大类：原材料工业、装备工业、消费品工业和通信电子信息及软件业。原材料工业包括能源、化工、钢铁、有色金属和建材；装备工业包括机械、汽车和民用船舶；消费品工业包括轻工、纺织、食品、医药。本报告主要关注原材料工业、装备工业和消费品工业。

（一）原材料工业

受2019年年初煤矿事故以及煤炭进口增长等因素影响，2019年上半年煤炭开采和洗选业整体呈现大幅波动运行态势。2019年1—2月，煤炭产地的两次安全事故导致陕西地区生产严重受限，煤炭开采和洗选业工业增加值同比下降2.0%。随着复产进度推进以及优质先进产能有序释放，上半年煤炭开采和洗选业工业增加值同比增长2.8%。2019年上半年，煤炭开采和洗选业收入同比增长3.6%，增速较2019年第1季度和2018年全年回落1.8个和0.7个百分点；实现利润总额同比下降7.1%，降幅较第1季度收窄10.9个百分点。

2019年上半年，石油和天然气开采业延续2018年低位运行态势。2019年上半年，石油和天然气开采业工业增加值同比增长2.3%，增速较2019年第1季度和2018年分别提高0.7个和0.3个百分点。受油气价格回落影响，石油和天然气开采业效益大幅下降。2019年上半年，石油和天然气开采业收入和利润同比分别增长4.8%和17.8%，增速较2018年分别回落18.6个和421.1个百分点。值得注意的是，2019年上半年，石油和天然气开采业出口交货值增速由负转正，同比增长91%。

表2　煤炭开采和洗选业、石油和天然气开采业主要指标累计增速　　单位:%

	煤炭开采和洗选业				石油和天然气开采业			
	收入	利润	出口交货值	工业增加值	收入	利润	出口交货值	工业增加值
2018年1—2月	1.4	19.6	-27.9	3.8	8.6	138.1	-7.8	-1.8
2018年3月	1.9	18.1	4.8	2.9	6.1	115.1	-15.3	-3.5
2018年4月	4.6	15.5	-8.4	2.6	6.7	207.7	-18.4	-3.7
2018年5月	2.3	14.8	-10.0	2.7	15.0	263.9	-15.5	-1.3
2018年6月	4.3	18.4	-14.8	2.8	18.2	309.0	-14.6	-1.0

续表

	煤炭开采和洗选业				石油和天然气开采业			
	收入	利润	出口交货值	工业增加值	收入	利润	出口交货值	工业增加值
2018年7月	4.6	18.0	-32.3	2.3	20.7	446.4	-12.8	0.0
2018年8月	4.7	16.6	-0.8	2.2	22.0	435.4	-9.9	0.6
2018年9月	4.7	14.5	31.7	2.1	23.7	400.6	-7.3	0.8
2018年10月	4.9	10.7	-10.4	2.3	24.8	370.6	-6.9	1.1
2018年11月	5.7	9.2	-37.9	2.3	24.4	332.8	-4.9	1.5
2018年12月	4.3	5.2	-13.7	2.2	23.4	438.9	-1.2	2.0
2019年1—2月	2.6	-23.2	177.6	-2.0	0.1	-5.7	76.0	-0.4
2019年3月	5.4	-18.0	37.4	0.4	4.4	10.3	87.2	1.6
2019年4月	1.8	-16.5	19.3	0.4	6.4	19.7	99.9	2.0
2019年5月	4.4	-9.4	-45.7	0.9	6.2	24.0	92.6	2.1
2019年6月	3.6	-7.1	-19.5	2.8	4.8	17.8	91.0	2.3

资料来源：国家统计局网站。

2019年上半年，电力、热力生产和供应业工业生产呈现低位稳定态势。2019年上半年，电力、热力生产和供应业工业增加值同比增长6.6%，较2018年回落3.0个百分点，但比2019年第1季度提高了0.1个百分点。主要受下游需求减弱影响，2019年上半年，电力、热力生产和供应业营业收入同比增长6.0%，增速较2018年减少2.8个百分点，但与2019年第1季度持平。受燃料价格回落等因素的影响，2019年上半年，电力、热力生产和供应业利润增速同比增长11.5%，较2019年第1季度和2018年分别提高0.1个和8.4个百分点。

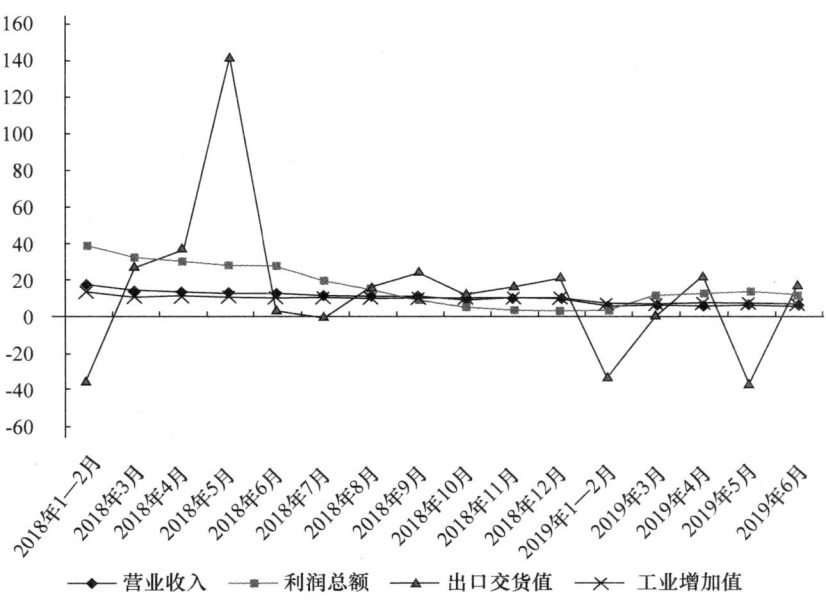

图5 电力、热力生产和供应业主要指标累计增速（单位:%）

资料来源：国家统计局网站。

化工行业增长放缓。2019年上半年，除化学纤维制造业工业增加值同比实现两位数（13.0%）增长外，石油加工、炼焦及核燃料加工业，化学原料及化学制品制造业，橡胶和塑料制品业工业增加值维持较低增速。2019年上半年，石油加工、炼焦及核燃料加工业，化学原料及化学制品制造业，橡胶和塑料制品业工业增加值同比分别增长3.9%、4.8%和4.7%，增速较2018年分别提高-2.5个、1.2个和1.5个百分点。

行业盈利能力走低。2019年上半年，除橡胶和塑料制品业利润实现增长（9.8%）外，石油加工、炼焦及核燃料加工业行业、化学原料及化学制品制造业、化学纤维制造业利润均为负增长，分别下降53.6%、13.8%和23.1%。

化工行业出口减缓。2019年上半年，化学原料及化学制品制造业出口交货值同比下降1.3%；石油加工、炼焦及核燃料加工业，化学纤维制造业，橡胶和塑料制品业出口交货值同比分别增长26.5%、4.6%和3.2%，增速较2018年分别回落53.3个、3.5个和3.4个百分点，较2019年第1季度分别回落15.3个、1.3个和1.4个百分点。

表3　　化工行业主要指标累计增速　　单位:%

	石油加工、炼焦及核燃料加工业				化学原料及化学制品制造业			
	收入	利润	出口交货值	工业增加值	收入	利润	出口交货值	工业增加值
2018年1—2月	20.2	17.6	20.5	7.1	10.0	20.1	14.7	2.4
2018年3月	17.4	14.8	70.7	7.6	10.1	14.7	15.4	3.1
2018年4月	17.1	19.6	83.0	7.2	11.7	23.0	15.6	3.7
2018年5月	17.7	27.9	89.9	7.0	10.9	27.7	15.2	3.8
2018年6月	19.0	34.3	91.2	6.9	10.9	29.4	14.0	3.7
2018年7月	20.3	36.1	93.3	7.0	11.2	29.2	13.8	3.7
2018年8月	21.2	32.4	95.5	6.7	11.5	25.0	15.5	3.8
2018年9月	21.7	30.8	96.7	6.6	11.3	24.5	16.4	4.0
2018年10月	23.0	25.2	80.1	6.6	10.8	22.1	14.4	4.0
2018年11月	22.5	15.7	71.8	6.4	10.3	19.1	15.2	3.8
2018年12月	21.1	10.7	79.8	6.4	9.2	15.9	15.4	3.6
2019年1—2月	0.1	−70.4	41.6	6.1	0.5	−27.2	9.8	4.3
2019年3月	5.5	−54.5	41.8	4.6	4.1	−17.8	4.6	5.5
2019年4月	4.8	−50.2	35.1	4.6	1.2	−16.0	2.6	5.0

续表

	石油加工、炼焦及核燃料加工业				化学原料及化学制品制造业			
	收入	利润	出口交货值	工业增加值	收入	利润	出口交货值	工业增加值
2019年5月	4.3	-51.3	28.3	3.8	0.9	-13.6	0.2	4.6
2019年6月	3.6	-53.6	26.5	3.9	0.7	-13.8	-1.3	4.8

	化学纤维制造业				橡胶和塑料制品业			
	收入	利润	出口交货值	工业增加值	收入	利润	出口交货值	工业增加值
2018年1—2月	8.1	-18.9	15.3	0.5	4.9	-6.6	10.5	3.6
2018年3月	11.7	-15.2	15.5	3.0	5.0	-4.6	6.2	3.3
2018年4月	15.1	-8.3	12.0	4.7	6.4	-1.1	5.3	4.3
2018年5月	16.4	4.2	9.9	5.4	5.6	-0.8	3.6	3.9
2018年6月	17.1	19.3	9.4	6.6	5.2	0.2	3.0	3.8
2018年7月	16.6	14.5	1.6	7.3	5.3	1.2	3.7	3.8
2018年8月	17.1	22.4	1.3	8.2	5.3	1.9	4.9	3.6
2018年9月	15.1	22.3	7.6	8.2	4.8	0.8	6.1	3.5
2018年10月	14.6	19.0	8.0	8.2	4.3	0.8	5.7	3.3
2018年11月	13.8	12.9	11.0	8.0	3.9	2.5	6.6	3.1
2018年12月	12.7	10.3	8.1	7.6	3.6	3.6	6.6	3.2
2019年1—2月	10.3	-53.1	4.5	13.1	0.7	-6.7	1.9	2.2
2019年3月	16.2	-19.7	5.9	14.8	6.6	11.1	4.6	6.4
2019年4月	10.5	-8.7	6.2	14.3	2.2	8.0	5.1	4.7
2019年5月	8.5	-16.6	4.4	14.0	2.5	11.5	3.3	4.7
2019年6月	7.1	-23.1	4.6	13.0	2.4	9.8	3.2	4.7

资料来源：国家统计局网站。

钢铁行业生产增长加快。主要得益于下游行业的有效支撑，2019年上半年，黑色金属矿采选业工业增加值同比增长7.3%，增速较2019年第1季度和2018年分别提高1.6个和12.0个百分点；黑色金属冶炼及压延加工业工业增加值同比增长10.3%，增速较2019年第1季度和2018年分别提高2.4个和3.3个百分点。2019年上半年全国生铁、粗钢和钢材产量分别为4.04亿、4.92亿、5.87亿吨,同比分别增长7.9%、9.9%、11.4%。上半年粗钢日均产量为272万吨,较2018年同期日产量增加23万吨。4—6月,单月粗钢产量分别为8503万、8909万和8753万吨,同比分别增加12.7%、10.0%和10.0%,均创历史同期新高。

  钢铁行业效益出现分化。受原料端价格上涨等因素的影响,2019年钢铁行业效益出现分化,上游行业效益显著好于下游行业。截至2019年6月底,中国铁矿石价格指数为398.32点,同比增长67.4%,较年初上涨56.8%;国产铁矿石价格指数为335.55点,同比增长48.4%,较年初增长40.1%。6月28日直接进口铁矿石62%品位干基粉矿到岸价格为110.79美元/吨,同比上涨71.1%,较年初上涨41.6美元/吨,涨幅60.0%。截至6月底,中国钢材综合价格指数为109.5点,同比下降5.5%。其中,螺纹钢价格4002元/吨,同比下降1.3%,热轧卷板价格3976元/吨,同比下降9.3%。2019年上半年,黑色金属矿采选业收入和利润均实现由2018年负增长转为正增长,同比分别增长12.8%和327.3%,较2019年第1季度分别加快

0.5个和162.7个百分点。下游黑色金属冶炼及压延加工业利润则由2018年的增长转为下降。2019年上半年，黑色金属冶炼及压延加工业利润同比下降21.8%。

钢铁行业出口下降。受国际贸易环境变化影响，2019年上半年，钢铁行业出口由上年增长转为下降。2019年上半年，黑色金属矿采选业、黑色金属冶炼及压延加工业出口交货值增速同比分别下降94.1%和4.8%。

表4　　　　　钢铁行业主要指标累计增速　　　　　单位:%

	黑色金属矿采选业				黑色金属冶炼及压延加工业			
	收入	利润	出口交货值	工业增加值	收入	利润	出口交货值	工业增加值
2018年1—2月	-1.7	-20.8	240.7	-0.3	10.6	97.7	-10.9	1.7
2018年3月	-2.5	-39.8	430.4	-1.2	10.0	64.1	-8.9	2.9
2018年4月	-2.0	-46.1	280.4	-2.3	15.1	95.4	-5.7	3.5
2018年5月	-3.4	-45.3	290.0	-2.5	14.8	114.7	-5.1	4.4
2018年6月	-2.8	-50.7	210.0	-3.1	15.4	113.0	-2.8	5.0
2018年7月	-2.5	-28.8	156.3	-3.5	16.0	97.8	-1.7	5.2
2018年8月	-1.7	-17.8	118.5	-3.8	15.9	80.6	1.8	5.3
2018年9月	-1.6	-17.0	89.9	-4.1	15.6	71.1	1.7	5.9
2018年10月	-2.5	-15.7	244.9	-4.4	15.8	63.7	3.2	6.4
2018年11月	-2.1	-7.9	873.0	-4.9	15.9	50.2	4.4	6.8
2018年12月	-2.4	-34.4	36.3	-4.7	15.2	37.8	4.9	7.0
2019年1—2月	10.5	130.4	120.3	5.4	6.2	-59.0	14.5	7.5
2019年3月	12.3	164.6	-96.1	5.7	10.3	-44.5	11.1	7.9
2019年4月	9.4	185.2	-95.0	6.9	8.4	-28.1	4.9	8.9
2019年5月	11.1	229.0	-94.5	7.4	9.1	-22.4	0.5	9.5
2019年6月	12.8	327.3	-94.1	7.3	9.1	-21.8	-4.8	10.3

资料来源：国家统计局网站。

有色金属行业加快增长。2019年上半年，有色金属矿采选业和有色金属冶炼及压延加工业工业增加值同比分别增长3.3%和10.4%，增速较2018年分别加快1.8个和2.6个百分点。年内来看，有色金属矿采选业增长趋弱，有色金属冶炼及压延加工业相对稳定。2019年上半年与第1季度相比，有色金属矿采选业和有色金属冶炼及压延加工业工业增加值同比分别提高-2.3个和0.3个百分点。

有色金属行业效益分化，下游行业好于上游行业。2019年上半年，有色金属矿采选业营业收入和利润总额同比分别下降0.5%和24.5%，降幅较2019年第1季度分别扩大1.1个和9.6个百分点；较2018年分别扩大3.5个和24.7个百分点。有色金属冶炼及压延加工业利润总额同比增长3.1%，结束了2019年第1季度和2018年利润同比下降的态势。

有色金属冶炼及压延加工业出口好于有色金属矿采选业。2019年上半年，有色金属矿采选业出口交货值同比增长9.4%，增速较2019年第1季度和2018年分别回落-1.6个和3.3个百分点；有色金属冶炼及压延加工业出口交货值同比增长12.3%，增速较2019年第1季度和2018年分别加快5.9个和3.8个百分点。由于有色金属金融属性很强，贸易摩擦冲击市场信心、价格及投资，对行业发展产生较大影响。

表5　　　　　有色金属行业主要指标累计增速　　　　单位:%

	有色金属矿采选业				有色金属冶炼及压延加工业			
	收入	利润	出口交货值	工业增加值	收入	利润	出口交货值	工业增加值
2018年1—2月	3.3	22.4	37.7	-3.5	12.1	-11.9	13.9	4.4
2018年3月	6.2	28.8	-13.9	-3.3	11.8	-17.9	11.2	5.2
2018年4月	5.5	22.6	18.4	-2.6	11.9	-15.8	6.4	5.4
2018年5月	4.8	20.7	19.4	-2.4	12.1	-11.5	9.3	5.4
2018年6月	6.0	19.8	9.4	-1.3	10.9	-8.3	4.5	5.0
2018年7月	5.6	15.7	-2.1	-0.2	10.8	-9.8	6.5	5.1
2018年8月	3.8	13.6	12.6	-0.1	9.6	-13.8	6.1	5.7
2018年9月	3.1	12.6	11.4	0.2	8.7	-16.5	3.6	6.2
2018年10月	3.6	10.1	4.6	0.4	8.2	-20.1	3.7	6.5
2018年11月	3.1	5.5	5.4	0.7	8.4	-16.9	6.4	7.2
2018年12月	3.0	0.2	12.7	1.5	8.7	-9.0	8.5	7.8
2019年1—2月	1.0	-26.0	32.5	8.0	4.9	-34.5	3.3	9.3
2019年3月	0.6	-14.9	7.8	5.6	10.0	-12.6	6.4	10.1
2019年4月	-1.4	-19.5	1.4	3.9	4.6	-6.6	8.3	9.7
2019年5月	-0.6	-26.3	5.4	3.6	6.5	2.6	9.7	9.7
2019年6月	-0.5	-24.5	9.4	3.3	6.0	3.1	12.3	10.4

资料来源：国家统计局网站。

建材行业呈现分化发展态势。2019年上半年，非金属矿采选业工业增加值同比增长0.4%，增速较2019年第1季度和2018年分别回落0.2个和1.0个百分点；非金属矿物制品业工业增加值同比增长10.4%，增速较2019年第1季度和2018年分别提高-1.1个和5.8个百分点。

建材行业经济效益增长。2019年上半年，非金属矿物制品业收入和利润仍保持较高增长，但增速放缓。2019年上半年，非金属矿物制品业收入和利润同比分别增长12.5%和11.9%，增速较2019年第1季度分别回落2.9个和1.7个百分点，比2018年分别回落2.9个和31.1个百分点。2019年上半年，非金属矿采选业利润同比增长25.6%，增速较2019年第1季度和2018年分别提高7.2个和10.7个百分点。

建材行业出口放缓。2019年上半年，非金属矿采选业和非金属矿物制品业出口交货值同比分别增长1.6%和0.6%，增速较2018年分别回落24.0个和10.0个百分点，较2019年第1季度分别回落-4.4个和1.9个百分点。

表6 非金属矿采选业和非金属矿物制品业主要指标累计增速　　　单位:%

	非金属矿采选业				非金属矿物制品业			
	收入	利润	出口交货值	工业增加值	收入	利润	出口交货值	工业增加值
2018年1—2月	7.2	12.8	5.4	1.9	16.3	56.8	17.7	4.2
2018年3月	8.4	13.0	26.7	2.4	14.7	42.7	14.4	2.5
2018年4月	8.0	-3.1	-20.3	1.4	15.0	45.2	12.0	2.3
2018年5月	5.8	1.2	15.6	0.3	14.3	44.6	11.1	2.3
2018年6月	6.7	-2.3	15.0	0.3	14.6	44.1	12.7	2.6
2018年7月	6.2	-1.9	14.3	0.0	14.5	45.2	12.0	3.0
2018年8月	6.7	8.0	8.9	0.0	14.8	46.1	11.1	3.2
2018年9月	6.3	5.9	21.4	0.5	14.6	44.9	11.3	3.5
2018年10月	5.8	7.9	9.4	1.2	15.3	45.9	9.8	4.0

续表

	非金属矿采选业				非金属矿物制品业			
	收入	利润	出口交货值	工业增加值	收入	利润	出口交货值	工业增加值
2018年11月	6.2	10.7	39.1	1.3	15.2	44.2	9.6	4.2
2018年12月	5.9	14.9	25.6	1.4	15.4	43.0	10.6	4.6
2019年1—2月	7.2	11.6	-18.3	2.2	11.0	3.1	-0.3	8.8
2019年3月	7.9	18.4	-2.8	0.6	15.4	13.6	2.5	11.5
2019年4月	5.7	15.9	2.1	0.8	13.4	12.6	3.6	11.0
2019年5月	6.0	16.0	-0.8	0.7	13.4	12.6	2.6	10.7
2019年6月	5.1	25.6	1.6	0.4	12.5	11.9	0.6	10.4

资料来源：国家统计局网站。

（二）装备工业

机械行业增速分化。2019年上半年，除通用设备制造业、专用设备制造业工业增加值同比增速有所放缓外，其他5个行业增速均有不同程度提高。2019年上半年，通用设备制造业和专用设备制造业工业增加值同比分别增长5.1%和8.3%，增速较2018年分别回落2.1个和2.6个百分点，较2019年第1季度分别回落3.3个和4.3个百分点。铁路、船舶、航空航天和其他运输设备制造业，仪器仪表制造业，电气机械及器材制造业，金属制品业，金属制品、机械和设备修理业工业增加值同比分别增长10.6%、9.6%、10.0%、7.9%和14.6%，增速较2018年分别加快5.3个、3.4个、2.7个、4.1个和3个百分点，增速较2019年第1季度分别回落

0.3个、2.6个、1.0个、3.1个和-6.9个百分点。

经济效益分化。2019年上半年，除通用设备制造业和仪器仪表制造业利润增速相比2018年有所回落以外，专用设备制造业，电气机械及器材制造业，铁路、船舶、航空航天和其他运输设备制造业，金属制品业，金属制品、机械和设备修理业利润增速均有提升。通用设备制造业和仪器仪表制造业利润同比分别增长5.5%和4.7%，增速较2018年分别减少1.8个和2.2个百分点。专用设备制造业，电气机械及器材制造业，铁路、船舶、航空航天和其他运输设备制造业，金属制品业，金属制品、机械和设备修理业利润同比分别增长16.6%、13.0%、33.2%、14.8%和12.1%，增速较2018年分别提高0.8个、12.0个、27.4个、6.8个和8.0个百分点。但是从年内来看，机械工业7个行业利润均在年初出现爆发增长后呈逐月回落态势。

对外贸易分化。2019年上半年，除铁路、船舶、航空航天和其他运输设备制造业，仪器仪表制造业、电气机械及器材制造业出口交货值增速较2018年有所增长，专用设备制造业出口交货值增速与2018年持平外，其他三个行业出口交货值增速均有所放缓。铁路、船舶、航空航天和其他运输设备制造业，仪器仪表制造业，电气机械及器材制造业,专用设备制造业出口交货值同比分别增长7.2%、9.3%、9.5%和9.5%,增速较2018年分别提高5.0个、5.4个、1.5个和0个百分点。通用设备制造业,金属制品业,金属制品、机械和设备修理业出口交货值同比分别增长5.7%、0.1%和5.6%,增速较2018年分别回落2.3个、8.4个和3.1个百分点。

表7　　　　　机械行业主要指标累计增速　　　　单位:%

	通用设备制造业				专用设备制造业			
	收入	利润	出口交货值	工业增加值	收入	利润	出口交货值	工业增加值
2018年1—2月	10.6	8.5	9.2	9.1	11.4	15.6	12.4	10.3
2018年3月	10.0	4.6	5.2	8.2	13.1	19.0	6.7	10.7
2018年4月	11.2	9.8	4.8	8.6	15.2	23.9	5.9	11.4
2018年5月	10.0	9.6	4.7	8.2	14.1	22.2	5.7	11.0
2018年6月	9.6	7.3	4.9	7.9	12.9	19.4	4.8	11.1
2018年7月	9.6	9.0	5.7	7.8	12.4	23.1	4.9	11.1
2018年8月	9.0	8.3	6.4	7.6	11.7	23.7	4.7	10.9
2018年9月	8.5	8.5	7.6	7.4	11.4	21.3	8.6	10.8
2018年10月	8.2	8.8	8.4	7.4	10.6	21.1	8.8	10.5
2018年11月	8.3	10.0	8.5	7.3	11.0	21.0	8.9	10.7
2018年12月	7.8	7.3	8.0	7.2	10.7	15.8	9.5	10.9
2019年1—2月	4.3	0.8	7.0	4.4	8.6	14.0	6.1	10.0
2019年3月	11.1	18.4	7.9	8.4	15.4	32.8	10.0	12.6
2019年4月	6.0	7.3	7.3	6.7	10.1	17.9	11.7	10.1
2019年5月	5.3	7.4	6.2	5.7	8.8	17.7	9.2	9.0
2019年6月	4.0	5.5	5.7	5.1	8.4	16.6	9.5	8.3

	铁路、船舶、航空航天和其他运输设备制造业				仪器仪表制造业			
	收入	利润	出口交货值	工业增加值	收入	利润	出口交货值	工业增加值
2018年1—2月	5.7	-22.3	3.2	4.9	9.6	10.9	9.3	7.7
2018年3月	5.3	-15.2	0.9	4.7	10.0	13.8	4.2	7.7
2018年4月	5.7	-12.2	1.0	4.2	11.1	21.2	1.4	8.1
2018年5月	4.4	-10.1	-2.0	4.0	9.3	3.2	1.8	8.1
2018年6月	2.6	-1.6	-3.3	3.4	9.6	6.9	1.5	7.3

续表

	铁路、船舶、航空航天和其他运输设备制造业				仪器仪表制造业			
	收入	利润	出口交货值	工业增加值	收入	利润	出口交货值	工业增加值
2018年7月	2.4	-1.7	-2.2	2.7	10.7	8.5	2.8	6.8
2018年8月	1.8	-2.0	-2.3	2.4	10.1	8.9	4.1	6.5
2018年9月	1.3	-2.2	-0.6	2.4	9.3	8.2	4.0	6.3
2018年10月	1.6	2.3	0.9	2.8	9.0	7.2	3.5	6.0
2018年11月	2.3	6.0	1.6	4.1	8.3	7.1	3.4	5.8
2018年12月	3.8	5.8	2.2	5.3	8.7	6.9	3.9	6.2
2019年1—2月	8.3	83.7	2.6	7.9	2.1	-14.4	9.6	8.4
2019年3月	12.3	63.6	3.5	10.9	11.3	7.0	10.1	12.2
2019年4月	9.3	67.6	4.1	9.7	6.9	-2.3	11.5	10.4
2019年5月	7.9	42.9	4.4	9.5	7.1	0.0	10.1	9.9
2019年6月	9.3	33.2	7.2	10.6	7.0	4.7	9.3	9.6

	金属制品业				金属制品、机械和设备修理业			
	收入	利润	出口交货值	工业增加值	收入	利润	出口交货值	工业增加值
2018年1—2月	11.2	2.4	7.1	5.5	5.2	-28.9	14.7	17.1
2018年3月	10.0	-0.5	2.0	4.5	5.6	-12.6	13.6	15.5
2018年4月	8.0	-2.4	1.6	4.7	6.8	12.7	7.8	12.2
2018年5月	9.4	-2.7	2.1	4.2	5.2	25.9	8.4	10.7
2018年6月	9.2	-0.3	3.6	3.7	4.4	30.3	-0.6	9.2
2018年7月	9.0	1.2	3.8	3.6	4.5	25.6	5.2	10.3
2018年8月	9.7	4.5	7.2	3.7	7.1	29.6	6.6	10.8
2018年9月	9.3	4.6	7.7	3.7	6.5	40.1	6.6	11.1
2018年10月	9.5	5.5	8.3	3.7	7.7	37.9	7.1	11.5
2018年11月	9.8	5.9	8.5	3.7	7.2	4.2	7.3	11.2
2018年12月	10.1	8.0	8.6	3.8	6.0	4.1	8.7	11.6
2019年1—2月	5.8	8.8	-0.7	8.5	9.4	88.6	-1.5	6.8
2019年3月	11.4	20.6	0.5	11.0	10.1	51.0	-1.2	7.7
2019年4月	7.1	15.4	0.9	8.9	7.6	20.8	1.5	7.1
2019年5月	7.0	18.6	0.3	8.4	8.7	12.4	-1.1	8.3
2019年6月	6.3	14.8	0.1	7.9	10.0	12.1	5.6	14.6

资料来源：国家统计局网站。

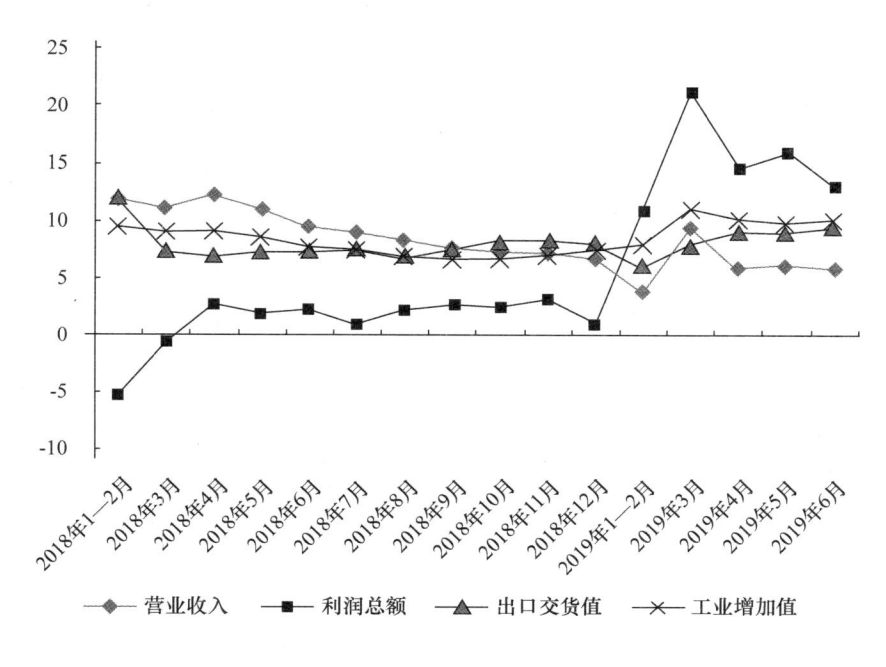

图6 电气机械及器材制造业主要指标累计增速（单位:%）

资料来源：国家统计局网站。

汽车制造业增长大幅回落。2019年上半年，汽车制造业延续了2018年增长放缓的运行态势。2019年上半年，汽车制造业工业增加值同比下降1.4%，增速较2019年第1季度回落1.6个百分点。汽车产销分别完成1213.2万辆和1232.3万辆，同比分别下降13.7%和12.4%。伴随着汽车制造业生产放缓，汽车制造业效益也出现了回落。2019年上半年，汽车制造业收入和利润同比均出现负增长，同比分别下降5.9%和24.9%，降幅较2019年第1季度分别扩大1.7个和-0.1个百分点，较2018年则分别扩大9.3个和20.2个百分点。汽车制造业出口大幅回落。2019年上半年,汽车制造业出口交货值同比增长0.8%,比2019年第1季度和2018年分别回落了1.0个和7.7个百分点。特别是自2018年9月以来,因中美贸易摩擦以及中国汽车最大出口目的国伊朗受美制裁,使得汽车出口市场变数加剧,汽车整车出口数量出现大幅回落。据海关统计,2019年上半年,汽车整车出口48.8万辆,同比下降4.7%。

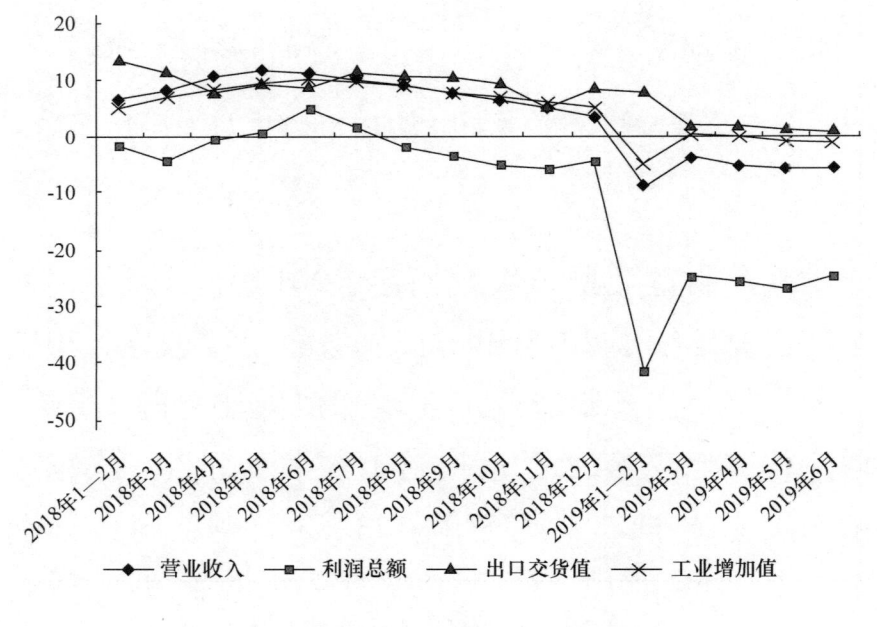

图7 汽车制造业主要指标累计增速(单位:%)

资料来源:国家统计局网站。

(三)消费品工业

纺织服装行业低位运行。2019年上半年,中国纺织服装行业延续2018年低位运行态势。从工业增加值来看，2019年上半年，纺织业，纺织服装、服饰业，皮革、毛皮、羽毛及其制品和制鞋业工业增加值同比分别增长1.9%、3.0%和3.8%，增速较2018年分别回落-0.9个、1.4个和0.9个百分点，较2019年第1季度分别回落1.8个、1.8个和2.3个百分点。从利润来看，2019年上半年，纺织业，纺织服装、服饰业利润由正转负，同比分别下降0.1%和0.8%；皮革、毛皮、羽毛及其制品和制鞋业利润同比增长2.3%，增速比2019年第1季度和2018年分别回落7.9个和1.9个百分点。从出口交货值看，由于贸易保护主义抬头，纺织服装行业出口呈现回落态势。2019年上半年，纺织业，皮革、毛皮、羽毛及其制品和制鞋业出口交货值同比分别增长1.2%和1.9%，增速较2019年第1季度分别回落2.6个和1.7个百分点，增速较2018年分别回落2.1个和0.8个百分点；纺织服装、服饰业出口仍处于负增长态势。

表8　　　纺织业和纺织服装、服饰业主要指标累计增速　　　单位：%

	纺织业				纺织服装、服饰业			
	收入	利润	出口交货值	工业增加值	收入	利润	出口交货值	工业增加值
2018年1—2月	1.5	3.0	7.1	2.8	4.9	-0.1	1.6	6.3
2018年3月	0.7	-2.6	2.1	2.1	4.3	-3.1	-1.4	6.0
2018年4月	2.5	1.0	1.8	2.1	4.9	0.9	-0.7	6.0

续表

	纺织业				纺织服装、服饰业			
	收入	利润	出口交货值	工业增加值	收入	利润	出口交货值	工业增加值
2018年5月	1.5	-0.1	1.8	1.4	3.7	0.9	-1.3	5.3
2018年6月	1.5	-1.1	2.6	1.1	4.1	0.8	-1.5	4.5
2018年7月	2.1	0.2	3.2	1.0	3.8	5.5	-1.9	4.5
2018年8月	2.4	1.2	2.9	0.9	3.7	8.6	-1.9	4.4
2018年9月	2.1	2.7	3.1	0.9	3.7	8.0	-1.7	4.6
2018年10月	2.0	3.7	3.5	0.9	3.7	8.9	-0.8	4.8
2018年11月	1.9	4.9	2.8	1.0	3.8	10.1	-1.2	4.5
2018年12月	-0.2	5.3	3.3	1.0	4.2	10.8	-0.9	4.4
2019年1—2月	-3.4	-11.3	1.1	0.2	5.0	7.6	-0.2	3.9
2019年3月	3.9	3.6	3.8	3.7	6.8	8.3	2.0	4.8
2019年4月	4.2	3.7	3.4	2.2	3.5	1.2	-0.5	3.3
2019年5月	3.1	3.2	1.6	1.9	2.5	-1.3	-0.7	2.7
2019年6月	2.7	-0.1	1.2	1.9	2.2	-0.8	-0.3	3.0

资料来源：国家统计局网站。

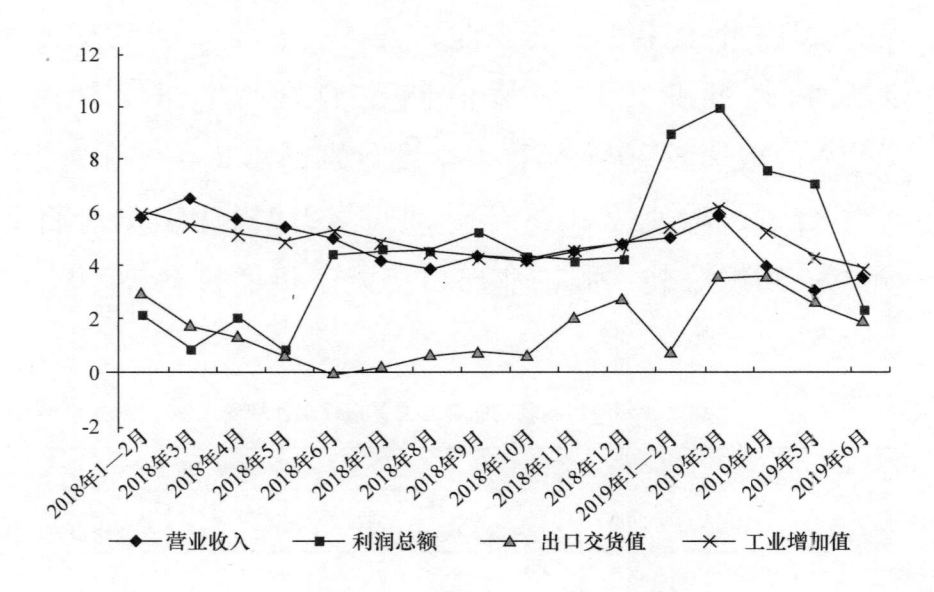

图8 皮革、毛皮、羽毛及其制品和制鞋业主要指标累计增速（单位：%）

资料来源：国家统计局网站。

食品行业增长略有回落。2019年上半年，农副食品加工业，食品制造业，酒、饮料和精制茶制造业工业增加值同比分别增长4.7%、5.5%和6.5%，增速较2018年分别回落1.2个、1.2和0.8个百分点。而烟草制造业增加值同比增长9.1%，增速较2018年提高3.1个百分点。

食品行业经济效益略有增长。2019年上半年，除农副食品加工业利润增长为负外，酒、饮料和精制茶制造业，食品制造业，烟草制品业利润均实现两位数增长。2019年上半年，食品制造业，酒、饮料和精制茶制造业，烟草制品业利润同比分别增长13.5%、16.9%和28.7%，增速比2018年分别提高7.4个、-3.9个和33.3个百分点。农副食品加工业利润虽为负增长，但是降幅逐月收窄。

食品行业出口呈现回升态势。2019年上半年，除烟草制品业出口交货值同比负增长外，其他3个行业均呈增长态势。2019年上半年，农副食品加工业，食品制造业、酒、饮料和精制茶制造业出口交货值同比分别增长3.3%、3.4%和1.8%，但增速较2018年分别回落0.3个、4.6个和8.6个百分点。

表9　　　　　　　　　　食品行业主要指标累计增速　　　　　　　　　单位:%

	农副食品加工业				食品制造业			
	收入	利润	出口交货值	工业增加值	收入	利润	出口交货值	工业增加值
2018年1—2月	4.5	-0.1	3.0	6.8	8.5	12.3	3.8	7.3
2018年3月	5.7	1.0	2.5	7.8	9.2	9.0	2.4	7.4
2018年4月	6.2	2.1	1.1	7.3	8.7	5.4	6.6	6.9
2018年5月	5.0	1.3	0.5	6.6	7.9	3.0	6.5	6.7
2018年6月	4.8	2.2	3.0	6.5	7.7	5.4	3.6	6.4
2018年7月	5.0	1.4	2.3	6.5	8.2	7.0	5.0	6.4
2018年8月	4.6	2.4	3.0	6.5	7.8	6.1	4.1	6.3
2018年9月	4.6	2.3	3.4	6.4	7.1	6.8	4.3	6.1
2018年10月	4.6	1.9	3.1	6.2	7.6	7.3	5.7	6.3
2018年11月	3.9	2.3	3.3	5.9	7.6	7.4	7.9	6.5
2018年12月	3.8	5.6	3.6	5.9	7.3	6.1	8.0	6.7
2019年2月	4.4	-5.5	2.8	6.3	6.9	11.2	7.6	6.0
2019年3月	5.9	-4.7	5.5	6.1	6.5	18.9	8.0	5.4
2019年4月	4.8	-4.9	3.3	5.4	5.9	17.7	5.5	5.5
2019年5月	5.3	-3.7	3.4	5.1	5.8	17.3	4.9	5.2
2019年6月	4.3	-2.0	3.3	4.7	5.5	13.5	3.4	5.5

	酒、饮料和精制茶制造业				烟草制品业			
	收入	利润	出口交货值	工业增加值	收入	利润	出口交货值	工业增加值
2018年1—2月	10.3	19.0	13.5	8.5	21.5	8.0	8.7	16.7
2018年3月	11.8	21.3	9.1	8.5	17.2	7.5	-2.9	13.3
2018年4月	12.0	24.8	12.5	8.2	17.5	8.8	-24.7	12.6
2018年5月	10.8	22.5	7.7	8.0	13.8	7.2	-9.2	12.7
2018年6月	10.7	23.6	9.6	8.1	11.9	6.0	-2.5	10.7
2018年7月	9.7	20.0	10.7	7.6	11.6	7.1	-3.1	10.4
2018年8月	9.1	17.3	7.2	7.3	11.3	7.6	2.5	10.1
2018年9月	8.5	17.1	12.8	7.1	10.3	6.7	7.6	9.1
2018年10月	8.1	16.6	8.8	7.0	9.5	5.8	9.1	8.3
2018年11月	7.9	15.3	10.8	7.1	9.1	4.8	12.5	7.4
2018年12月	8.8	20.8	10.4	7.3	6.1	-4.6	13.0	6.0
2019年2月	7.7	23.3	-0.2	6.4	13.0	18.2	2.5	15.0

续表

	酒、饮料和精制茶制造业				烟草制品业			
	收入	利润	出口交货值	工业增加值	收入	利润	出口交货值	工业增加值
2019年3月	7.4	20.7	-12.9	6.1	14.2	24.4	-11.1	12.4
2019年4月	5.6	18.1	2.5	5.6	11.4	29.4	12.9	11.8
2019年5月	5.8	17.9	5.0	5.5	10.8	23.9	8.1	10.2
2019年6月	6.4	16.9	1.8	6.5	10.0	28.7	-0.9	9.1

资料来源：国家统计局网站。

医药制造业维持较高增长。2019年上半年，医药制造业除出口交货值同比增速较2018年减少4.2个百分点外，其他3个指标增速较2018年均有不同程度提升。2019年上半年，医药制造业营业收入、利润、工业增加值同比分别增长12.6%、15.9%和11.6%，增速较2018分别增加0个、6.4个和1.9个百分点。

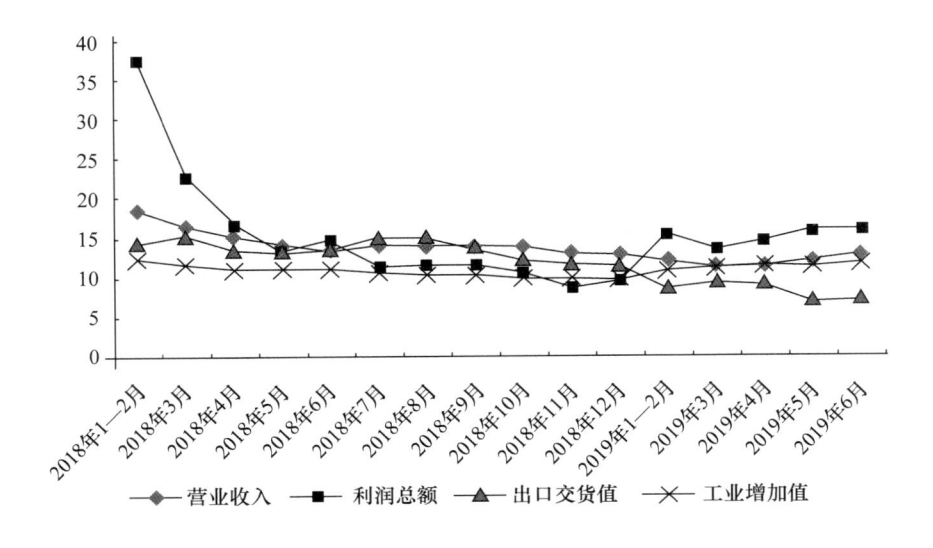

图9 医药制造业主要指标累计增速（单位:%）

资料来源：国家统计局网站。

当前，中国工业经济总体呈现趋稳向好态势。但也要看到，国际环境不稳定不确定因素仍然存在，国内经济正处在结构调整的过关期，仍面临不少隐忧和挑战。工业成本费用增加，企业生产经营难度增大，特别是外商及港澳台投资企业经营状况需要引起注意。

三 2019年工业经济增长预测与展望

为了将工业增长的长期趋势因素与周期（和不规则）因素进行分离，获得对不可观测的潜在因素的估计，对于单一时间序列的原始数据，或运用滑动平均方法，或运用频域估计方法，其中滤波方法有其独特的优点，既简单直观，容易实施，也可以避免生产函数法所带来的经济转型时期生产函数是否稳定的问题及多变量结构化分解法所带来的中国通常形式的菲利普斯曲线是否存在的问题。因此，本报告对工业增速趋势预测便采用BP滤波方法。

当前工业经济有三种发展趋势：悲观趋势、中性趋势和乐观趋势。悲观趋势显示未来工业增长速度处于下行通道，且将维持较长一段时间；中性趋势则显示2018年7月工业增长已经触底，此后进入缓慢回升通道；乐观趋势显示早在2017年9月工业增长就开始触底回升。受周期波动将处于波谷的现实影响，即使乐观估计，经济在未来也将维持8%以内的增长速度；而中性预测增速则在6%徘徊；悲观模型则给出了另外一个令人较为担忧的结果，即未来工业增长速度将持续探底，且在未来一年半的时间降至1%以下。

（一）用 BP 滤波建立工业增长时间趋势模型和周期波动模型

不同于基于损失最小原则建立的 HP 滤波，BP 滤波是基于谱分析建立的，谱分析的实质是将时间序列分解成不同的周期波动之和，这为建立周期波动模型打下基础。决定近似理想 BP 滤波优劣的关键是选取合适的截断点 N。如果 N 值过大，那么序列两端的数据就会有大量的缺失，如果 N 值过小，就会过多剔除本应保留的成分。根据不出现频谱泄露和摆动的原则，选择最低周期为3，最高周期为8，截断点为3。

（1）趋势预测

本报告使用趋势多项式函数拟合时间序列分离趋势项。建立工业增长时间趋势序列与时间 t 的趋势多项式函数如下：

$$\hat{y} = \alpha_0 + \alpha_1 t + \alpha_2 t^2 + \alpha_3 t^3 \cdots \alpha_n t^n,$$
$$n = 1,2,3,\cdots \tag{1}$$

将2009年7月设为 $t = 1$，将 t 与工业增长率带入以上函数得到工业增长时间趋势函数如下：

表10 多项式回归结果

	截距项	t	t^2	t^3
EQ01	0.15	-0.000947		
EQ02	0.1766	-0.0023	0.000010985	
EQ03	0.1725	-0.0019	0.000002687	0.0000000461

资料来源：根据matlab中polyfit拟合结果整理得来。

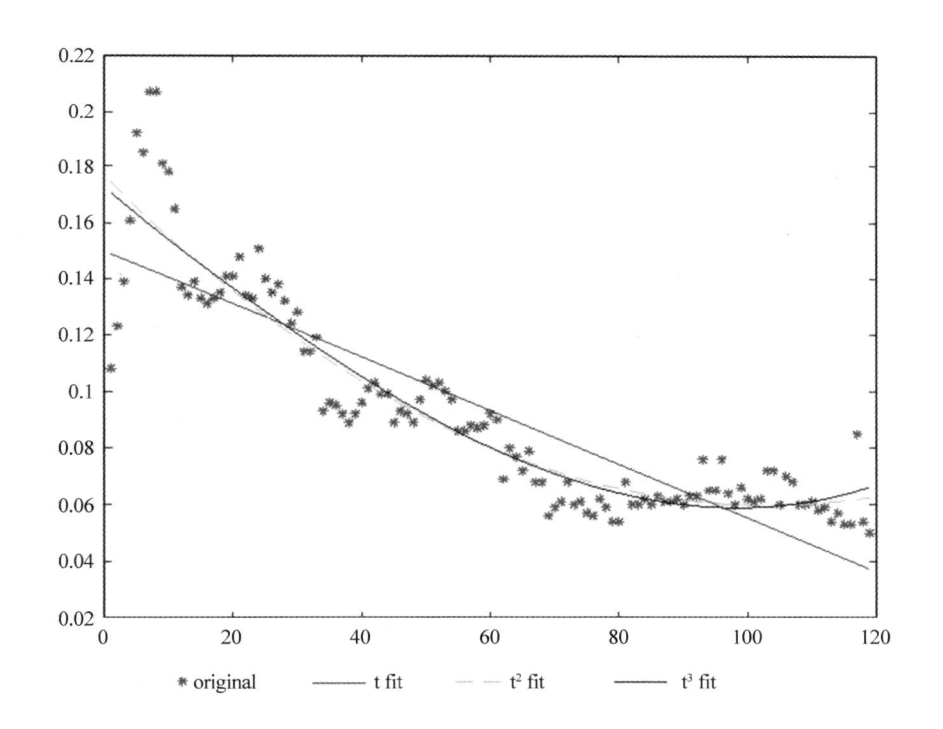

图10 三种多项式拟合结果VS原值

资料来源：根据matlab中polyfit拟合结果整理得来。

图10和表10显示三种发展趋势，即悲观趋势、中性趋势和乐观趋势。悲观趋势显示未来工业增长

速度处于下行通道，且将维持较长一段时间；中性趋势则显示2018年7月工业增长已经触底，此后进入缓慢回升通道；乐观趋势显示早在2017年9月工业增长就开始触底回升。

表11　　　　　工业经济增长趋势预测值　　　　　单位:%

	原值	预测值		
		t	t^2	t^3
2017年7月	6.4	5.8	5.7	5.6
2017年8月	6.0	5.7	5.7	5.5
2017年9月	6.6	5.6	5.7	5.5
2017年10月	6.2	5.5	5.6	5.5
2017年11月	6.1	5.4	5.6	5.6
2017年12月	6.2	5.3	5.6	5.6
2018年1月	7.2	5.2	5.6	5.6
2018年2月	7.2	5.2	5.6	5.6
2018年3月	6.0	5.1	5.6	5.6
2018年4月	7.0	5.0	5.6	5.6
2018年5月	6.8	4.9	5.6	5.6
2018年6月	6.0	4.8	5.6	5.7
2018年7月	6.0	4.7	5.6	5.7
2018年8月	6.1	4.6	5.7	5.7
2018年9月	5.8	4.5	5.7	5.8
2018年10月	5.9	4.4	5.7	5.8
2018年11月	5.4	4.3	5.7	5.9
2018年12月	5.7	4.2	5.7	5.9
2019年1月	5.3	4.1	5.7	6.0
2019年2月	5.3	4.0	5.8	6.0
2019年3月	8.5	3.9	5.8	6.1
2019年4月	5.4	3.8	5.8	6.1
2019年5月	5.0	3.7	5.8	6.2
2019年6月		3.6	5.9	6.3
2019年7月		3.5	5.9	6.4

续表

	原值	预测值		
		t	t^2	t^3
2019年8月		3.4	6.0	6.4
2019年9月		3.4	6.0	6.5
2019年10月		3.3	6.0	6.6
2019年11月		3.2	6.1	6.7
2019年12月		3.1	6.1	6.8
2020年1月		3.0	6.2	6.9
2020年2月		2.9	6.2	7.0
2020年3月		2.8	6.3	7.1
2020年4月		2.7	6.3	7.2
2020年5月		2.6	6.4	7.3
2020年6月		2.5	6.4	7.5
2020年7月		2.4	6.5	7.6
2020年8月		2.3	6.6	7.7
2020年9月		2.2	6.6	7.8
2020年10月		2.1	6.7	8.0
2020年11月		2.0	6.8	8.1
2020年12月		1.9	6.8	8.3

资料来源：根据matlab中polyfit拟合结果整理得来。

（2）周期预测

用工业增长率实际值减去趋势值得到波动序列值，其满足BP滤波的一般表达式如下，通过此表达式的求解可得波动序列的主要特性（每个频率的波谱）。

$$X_t = A_0 + 2\sum_m [A_m\cos(2\pi mt/N) + B_m\sin(2\pi mt/N)] \quad (2)$$

其中，N表示样本容量，频率被定义为样本容量的倒数，当 $N = 2n$ 时，$m = 1, 2, \cdots, n$，当 $N = 2n - 1$ 时，$m = 1, 2, \cdots, n - 1$。由此可得到 A_m 和 B_m 的具体计算式并将频谱定义为 $N(A_m^2 + B_m^2)$。

功率谱较高值所对应的频率是确定波动成分主要周期分量的重要标志，结果显示，三种趋势下波动序列的谱密度振幅有所不同，其中 EQ01 有 6 个显著的振幅，EQ02 和 EQ03 均存在 7 个显著的振幅，且拒绝了 95% 的置信区间中波动成分为白噪声的原假设。因此，可以认为三种波动成分是由这些周期分量叠加而成的，根据波动序列所呈现出来的正弦和余弦形式，本报告采用傅立叶函数来对波动序列进行拟合，并由所得到的主要周期分量，将函数形式设定为：

$$c_t = c + \sum_{i=1}^{6} a_i \cos\left(\frac{2\pi}{T_i}t\right) + \sum_{i=1}^{6} b_i \sin\left(\frac{2\pi}{T_i}t\right) \quad (3)$$

其中，T_i 是所选择出来的周期分量。利用 Matlab 软件的 cftool 工具箱对原波动序列进行 Fourier 函数拟合，拟合效果如图 11 所示。

图 11 是波动序列和拟合序列的对比图，可以看出，拟合函数与波动序列的变动趋势基本一致，模型的相关系数分别是 0.83、0.77 和 0.77，且拟合函数所对应的数值通过显著性检验，说明 BP 滤波的 Fourier 模型适用于该波动序列的拟合预测。

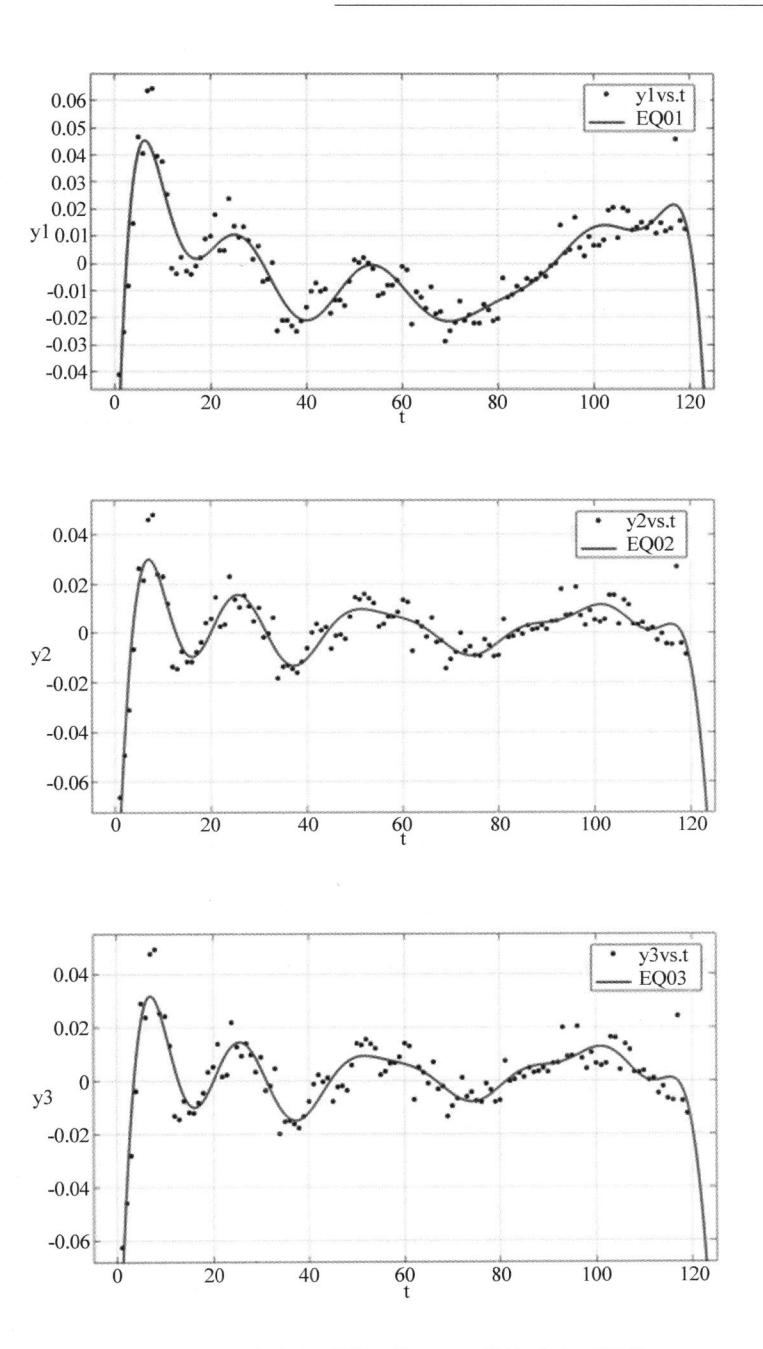

图 11　三种波动序列模拟值 VS 三种波动序列原值

资料来源：Matlab 输出结果。

（二）中国工业运行趋势

结合以上时间趋势模型和周期波动模型，拟合工业增长率如图12所示，除了1月和2月由于春节假期造成的工业增加率大幅波动外，拟合值基本拟合了工业增长率的变动轨迹。

据此模型来预测中国未来一年的工业运行同比增速（见图12和表12）。

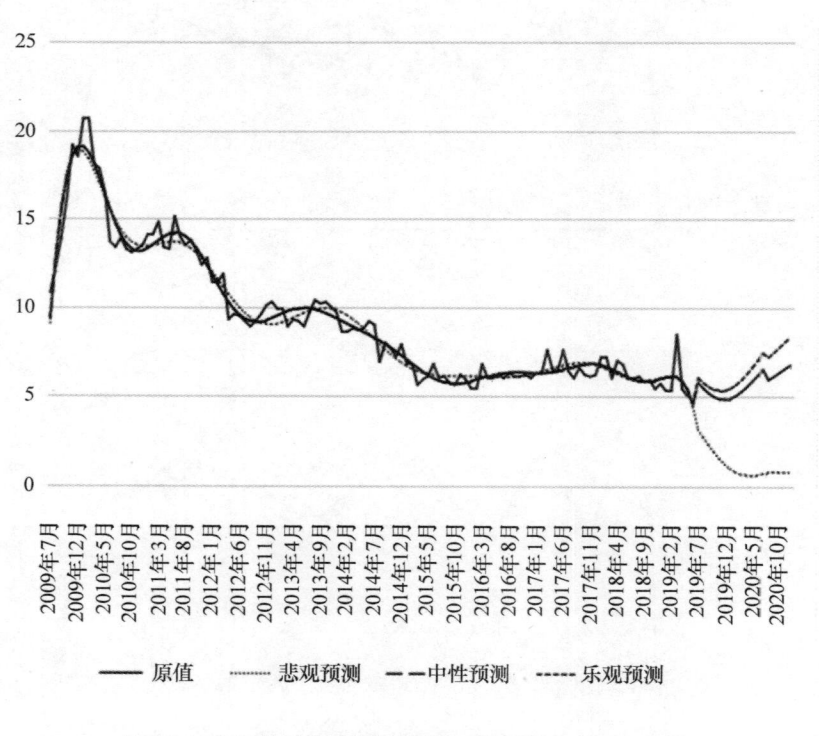

图12 工业增长率及其拟合值（季调后，单位：%）

表 12　　　　　　　　　工业同比增速预测值　　　　　　　　单位:%

	原值	趋势预测值 悲观	趋势预测值 中性	趋势预测值 乐观	波动预测值 悲观	波动预测值 中性	波动预测值 乐观	预测值 悲观	预测值 中性	预测值 乐观
2017 年 7 月	6.4	5.8	5.7	5.6	1.0	0.9	1.0	6.8	6.6	6.6
2017 年 8 月	6.0	5.7	5.7	5.5	1.1	1.0	1.1	6.9	6.7	6.7
2017 年 9 月	6.6	5.6	5.7	5.5	1.3	1.1	1.2	6.9	6.8	6.8
2017 年 10 月	6.2	5.5	5.6	5.5	1.3	1.2	1.3	6.9	6.8	6.8
2017 年 11 月	6.1	5.4	5.6	5.6	1.4	1.2	1.3	6.8	6.8	6.8
2017 年 12 月	6.2	5.3	5.6	5.6	1.4	1.2	1.3	6.7	6.8	6.8
2018 年 1 月	7.2	5.2	5.6	5.6	1.4	1.1	1.2	6.6	6.8	6.7
2018 年 2 月	7.2	5.2	5.6	5.6	1.4	1.0	1.1	6.5	6.7	6.7
2018 年 3 月	6.0	5.1	5.6	5.6	1.3	0.9	0.9	6.4	6.5	6.5
2018 年 4 月	7.0	5.0	5.6	5.6	1.3	0.7	0.8	6.2	6.4	6.4
2018 年 5 月	6.8	4.9	5.6	5.6	1.2	0.6	0.6	6.1	6.2	6.2
2018 年 6 月	6.0	4.8	5.6	5.7	1.2	0.4	0.4	6.0	6.1	6.1
2018 年 7 月	6.0	4.7	5.6	5.7	1.2	0.3	0.2	5.9	5.9	5.9
2018 年 8 月	6.1	4.6	5.7	5.7	1.3	0.2	0.1	5.8	5.8	5.8
2018 年 9 月	5.8	4.5	5.7	5.8	1.3	0.1	0.0	5.8	5.8	5.8
2018 年 10 月	5.9	4.4	5.7	5.8	1.5	0.1	0.0	5.9	5.8	5.8
2018 年 11 月	5.4	4.3	5.7	5.9	1.6	0.2	0.0	5.9	5.9	5.9
2018 年 12 月	5.7	4.2	5.7	5.9	1.8	0.3	0.1	6.0	6.0	6.0
2019 年 1 月	5.3	4.1	5.7	6.0	2.0	0.3	0.1	6.1	6.1	6.1
2019 年 2 月	5.3	4.0	5.8	6.0	2.1	0.4	0.1	6.1	6.1	6.1
2019 年 3 月	8.5	3.9	5.8	6.1	2.1	0.3	0.0	6.1	6.1	6.1
2019 年 4 月	5.4	3.8	5.8	6.1	2.0	0.0	-0.3	5.8	5.8	5.8
2019 年 5 月	5.0	3.7	5.8	6.2	1.6	-0.5	-0.8	5.3	5.4	5.4
2019 年 6 月		3.6	5.9	6.3	0.8	-1.3	-1.7	4.4	4.6	4.6
2019 年 7 月		3.5	5.9	6.4	-0.4	-0.1	-0.3	3.1	5.8	6.0
2019 年 8 月		3.4	6.0	6.4	-0.7	-0.5	-0.7	2.7	5.4	5.7
2019 年 9 月		3.4	6.0	6.5	-1.1	-0.8	-1.0	2.3	5.2	5.5
2019 年 10 月		3.3	6.0	6.6	-1.4	-1.1	-1.3	1.9	5.0	5.4
2019 年 11 月		3.2	6.1	6.7	-1.6	-1.2	-1.4	1.5	4.8	5.3
2019 年 12 月		3.1	6.1	6.8	-1.8	-1.3	-1.5	1.2	4.8	5.3
2020 年 1 月		3.0	6.2	6.9	-2.0	-1.3	-1.5	1.0	4.9	5.4

续表

	原值	趋势预测值			波动预测值			预测值		
		悲观	中性	乐观	悲观	中性	乐观	悲观	中性	乐观
2020年2月		2.9	6.2	7.0	-2.1	-1.2	-1.4	0.8	5.0	5.6
2020年3月		2.8	6.3	7.1	-2.1	-1.0	-1.2	0.7	5.2	5.9
2020年4月		2.7	6.3	7.2	-2.1	-0.8	-1.0	0.6	5.5	6.2
2020年5月		2.6	6.4	7.3	-2.0	-0.6	-0.7	0.6	5.8	6.6
2020年6月		2.5	6.4	7.5	-1.9	-0.3	-0.4	0.6	6.2	7.0
2020年7月		2.4	6.5	7.6	-1.7	0.0	-0.1	0.7	6.5	7.4
2020年8月		2.3	6.6	7.7	-1.5	-0.6	-0.5	0.8	5.9	7.2
2020年9月		2.2	6.6	7.8	-1.4	-0.5	-0.4	0.8	6.1	7.5
2020年10月		2.1	6.7	8.0	-1.3	-0.4	-0.2	0.8	6.3	7.8
2020年11月		2.0	6.8	8.1	-1.3	-0.2	-0.1	0.8	6.5	8.1
2020年12月		1.9	6.8	8.3	-1.2	-0.1	0.1	0.8	6.8	8.3

资料来源：根据所建模型测算。

当前及未来一段时间，由于中美贸易摩擦、中国经济增速换挡等综合因素的影响，工业增长保持中低速增长，增长的底气主要来源于三个方面。

一是需求侧新动能不断发力，为稳定增长提供基础保证。消费增速保持稳定增长态势，为稳定工业经济增长提供保障。2019年1—6月社会消费品零售总额为19.52万亿元，同比增长8.4%，较2018年同期增速下降1.0个百分点，增速保持较稳定的增长，这为保持经济稳定增长提供稳定器。随着互联网销售平台的普及，消费者消费边界得以拓展，消费环境得以改善，消费意愿得以提升。2019年1—6月网上零售额累计值达4.81万亿元，接近社会消费品零售总额的1/4，同比增长17.8%，较社会消费品零售额增速高9.4个百分点。新兴产业发展前景乐观，固定资产增速远高于规模以上工业投资增速。2019年1—6月计算机、通信和其他电子设备制造业固定资产投资增速同比增长8.5%，仪器仪表制造业固定资产投资增速同比增长14.2%，专用设备制造业和医药制造业固定资产投资也均保持较高增速。在外贸环境恶化的前提下，2019年1—6月工业出口交货值保持了4.2%的增长速度，其中铁路、船舶、航空航天和其他运输设备制造业出口交货值累计增长7.2%，专用设备制造业出口交货值累计增长9.5%。

二是供给环境的改善，为工业增长提供了要素保证。不断涌现的新市场主体，人才、技术、知识、数据、信息等新生产要素的大规模应用，要素质量以及要素配置效率和使用效率的提升为工业增长提供了新的活力。大量的科技孵化器、加速器、众创空间、众创平台等将创新主体与创新资源有效对接，孕育了巨大的新动能。

三是改革不断深入，为工业增长提供制度保证。随着行政审批制度改革的推进，市场准入限制进一步放宽，便利化服务水平进一步提高，商事登记制度改革的深入，行政审批大为减少，激发百姓创业创新热情，促进了市场主体持续较快增长，为经济发展注入新活力、新动力。

但是，随着投资转入下行渠道，中美贸易摩擦不断升级，未来工业增长需保持谨慎乐观态度。如表12所示，从趋势来看，当前工业经济增长分化较大：乐观地看，2017年9月已经开始筑底回升，未来将延续回升态势；中性地看，2018年7月开始筑底，未来一段时间将出现温和回升趋势；悲观地看，经济工业增速还将持续探底。从周期看，未来工业波动处在各种周期波谷叠加阶段，且将持续近一年半。综合看来，受趋势性因素和周期性因素综合影响，工业经济乐观来看，也势必将在未来保持温和增长态势；中性来看，未来工业增长会围绕6%上下波动；悲观地讲，未来经济持续探底，触底时间尚不明朗。本报告维持中性预测判断，认为当前工业增速处在趋势性增长区间，但受周期因素影响，增长速度将在6%左右徘徊。

四 中国工业经济政策建议

中国工业经济发展应该充分体现短期应对与中长期改革发展相结合思想，一方面扩需求，努力实现工业经济平稳较快发展，另一方面继续保持战略定力和战略耐心，深化供给侧结构性改革，全力推动工业经济高质量发展。

（一）适度调低增速预期，提高产能利用率，积极推进结构转型

受中美贸易摩擦、国内外需求萎缩等一系列不利因素的影响，国内面临的经济下行压力持续增加。自2019年3月以来工业增加值增速呈持续下降趋势。4—5月工业增速分别低于2018年同期水平。事实上，工业增速下降不仅是外部环境压力的作用，也是进入合理增长区间促进自我调整的表现。党的十八大提出中国已由高速增长阶段转向了高质量发

展阶段，更加注重经济发展的质量和效益。稳增长、调结构、促改革成为新时代发展的主要任务和重要方向，将推动中国工业实现更高层次、更可持续的高质量发展。从这一点来说，工业适当降速，也为中国进入高质量发展阶段进而真正实现平稳可持续发展提供了良好的且必要的经济环境。

  在此背景下，应继续坚持以推进供给侧结构性改革为主线，减少无效产能供给，提高工业产能利用率。准确分析产能利用水平变化情况和积极研判未来的发展趋势，建立和完善产能利用率评价体系，加强地方政府、企业之间的有效沟通，定期发布产能利用率，形成产能过剩的定向预警监测系统，制定尽可能详细的产能过剩行业指导目录。根据各地区所处的经济发展阶段、资源禀赋状况等，因地制宜地将地方政府考核指标多元化、差异化，纳入民生、资源利用、生态环境、产能利用水平等重要指标。对于违规的过剩产能相关项目坚决叫停，将问责制落实到实处，强化产能过剩行业信息监督力度，鼓励产能过剩行业兼并重组。继续大力发展高新技术产业，为改造升级传统工业提供有力支撑。大力推进初级加工环节节约化、绿色化，推动产业链向上下游延伸，增强产业链中高端产品的附加技术价值。加快信息技术在工业领域的融合及应用，以智能化、数字化、绿色化打造一批龙头先进制造企业，突破关键核心技术，构建形成规模优势的工业产业集群，加快培育和形成新的增长点。总之，应继续坚持稳中求进的总基调，适度降低工业增速预期，抓住经济转型升级的良好契机，将大力推进工业特别是制造业结构转型升级作为各地区的重点发展任务，积极探索工业在"后危机时代"结构转型的新思路、新举措。

（二）加强顶层设计，重视功能型产业政策

随着中国步入高质量发展阶段，相应的产业政策导向也应当有所转变。改革开放初期实施的以"提高集中度，避免多度竞争"为典型特征的选择性产业政策确实在较短时间内促进了工业的高速发展，发展了一批具有竞争力的制造行业，对中国国际竞争力的提升发挥了至关重要的作用。然而，目前发展阶段已发生了深刻变化，增速放缓，市场化程度不断提高，发展方式亟待由要素和投资驱动向创新驱动转变。选择性产业政策已不再适应新时代的发展要求，其弊端也逐步显示出来，如结构性失衡、工业企业经营成本增加、个性化高端化消费需求不能充分满足等问题。相对于对主导产业的扶植，选择性产业政策在新兴产业的培育方面显得不够完善。另外，产品质量提升也受到了一定的阻碍，亟须转向采用功能性或竞争性的产业政策。功能性的产能政策更加强调市场在配置资源方面的主体地位，换言之，市场处于主导地位，而政府仅仅是弥补"市场失灵"的引导者，保障市场机制正常运转，增进公共领域的服务效能，减少经济主体的交易成本。党的十八大提出了市场在资源配置中起决定性作用，为中国工业发展的市场化导向指明了方向。党的十九大进一步要求加快完善社会主义市场经济体制。

为此，需要政府继续加强顶层设计，在未来相关产业的政策制定方面更加重视功能性的产业政策，以促进创新和加强企业竞争作为产业政策的核心目标。创新已作为各发达经济体现行经济政策的主要目标，是工业变革最根本的动力。应积极建设技术转移平台，强化知识产权保护力度，发展科技中介，鼓励企业进行"创造性破坏"。坚持"有所为，有所不为"的原则，妥善处理好政府与市场的关系，坚决摒弃地方保护主义的传统思维，减少或消除对微观企业主体经济活动的过多干预，为工业企业创造统一开放、竞争有序的市场环境，让"有效竞争"充分发挥其应有的优胜劣汰市场调节作用。进一步推进放管服改革，强化"负面清单"管理体制机制建设，创造稳定透明的制度环境。加强人力资本建设，扩大新技术培训的广度和深度，着力培养多层次的实用性人才。

（三）促进内需消费升级

工业发展的最终目的是增加人民的幸福感，满足人民对美好生活的需求。人民的消费需求升级进而成为工业转型升级的动力源。近年来，随着人均收入水平的不断攀升，居民消费升级逐步实现了由量及质、由物质满足向精神追求的转变，更加强调智能、健康、生态品牌的消费理念，促使新消费模式不断涌现。事实上，消费与生产是紧密联系、互为依存的，消费与生产分别表征的是需求端与生产端，消费对GDP的刺激在较大程度上体现在对生产的影响上，可以倒逼工业转型升级；工业的升级也会通过促进经济增长进而正作用于居民消费。纵观中国改革开放以来的几次重大消费升级，随着收入水平的不断提升，居民的恩格尔系数稳步下降，逐渐由解决温饱问题向耐用消费品转变，如彩电、冰箱、电脑等，在人们的物质消费得到满足以后，精神层面的消费理念不断涌现，消费者日益转向追求个性化、安全便捷、购物体验较好的产品。因此，当前的消费升级正在为工业发展创造十分难得的历史发展机遇。同时，现阶段的突出问题之一表现为供给与需求的错位，供给端不能满足日益增长的中高端产品需求。

由此，应落实鼓励消费、扩大内需的各项宏观政策举措，加强对工业消费品的政策预期引导作用，对不同消费品实行差异性行动计划；完善工业发展与消费品升级的对接机制，根据居民消费需求的动态变化，及时解决工业消费供给与需求不相匹配的问题；借助人工智能、"互联网＋"等先进技术或新商业模式的发展契机，开展智能制造，拓宽工业消费品的市场需求，为工业消费品升级创造更加广阔的发展空间，如紧紧抓住5G发展的机遇，积极开拓新消费领域。提升消费品质量标准，以不同消费档次灵活制定差异化的标准体系，引导消费品的服务和检测标准与发达国家接轨。大力推动工业产品品牌建设，增加拥有独立自主知识产权的工业品牌。积极引导企业向品牌竞争转变，努力打造一批高于国家行业标准的名牌产品。重视人力资本的积累效应，发挥人才在品牌建设中的核心作用，充分发扬精益求精的"工匠精神"，提升技术能手的经济待遇，为高品质产品的创造和生产提供基本支撑。

（四）继续扩大国际市场，发展高水平对外开放

数年来，在全国化浪潮的推动下，各国实现了分工协作、共同发展，形成了"你中有我，我中有你"这一不可分割的共同体。当前，世界经济增长乏力，部分国家将其归因于全球化，民粹主义情绪倾向加重。发达国家制造业回流的"逆全球化"趋势较为明显，全球化进程受到了一些阻碍，但从长期来看，制造业专业化分工已深入人心，全球化趋势仍是总体趋势。短期内"逆全球化"趋势对中国的对外开放构成了挑战。

应继续深化改革开放，积极打造开放、包容、协调的治理体系，实施更加有效的宏观经济协调政策，提升中国在全球经济治理中的话语权。统筹国内外两个市场，本着互利共赢的合作原则，坚持"引进来"与"走出去"并重，借助"一带一路"建设、"六廊六路多国多港"合作的发展时机，加强与境外企业的合作力度，鼓励能够显著创造正向外溢效应的优秀制造企业"走出去"，同时也提升这些企业在全球价值链中的位置。在此基础上，实现产能与沿线国家的有效对接，积极发展新型工业园区，为与有关国家的长期化合作创造良好条件，促进双方互惠互利。稳定人民币币值，将人民币汇率保持在合理区间，为进一步发展高水平、高层次的对外开放提供信心保障。以法制化、国际化、便利化为重点方向，努力打造世界一流的营商环境，加强与国际经贸规则对接。严格落实《外商投资法》等相关法规，大幅放宽外资准入限制，全面取消负面清单之外的领域对外资的限制，更加注重引进外资的质量，对各类企业保持一视同仁，进一步研究可以开放的工业领域，加快落实重大外资项目，为外资企业营造良好的公平竞争的市场环境。发达的基础设施建设是保证工业高质量发展、推动高水平对外开放的基本保障。应加快基础设施建设，降低企业的高端要素成本以及交易成本。加快生产性服务业的对外开放水平，扩大优质服务出口，提升制造业出口质量，打造"中国制造"。加快探索国内自由贸易港建设进程，对于现有自贸区在简政放权等方面的成功经验以及积极做法，在进行充分论证的基础上，可在全国大范围推广，同时，也要注重借鉴发达国家在该方面的成功经验。在区域方面，顺应产业转移趋势，形成陆海内外、东中西三大地区互济的区域开放新格局。

（五）增强金融的服务功能

金融与实体经济是一对孪生兄弟，一荣俱荣，一损俱损。目前，金融"脱实向虚"的现象仍然存在。应完善宏观审慎管理，综合运用多种金融管理工具，加大金融服务于工业结构性优化调整的支持力度。强化重点工业领域的金融支持,例如电力、油气、清洁能源等重大项目,支持传统工业企业的技术改造,提升企业创新实力,为工业高质量发展创造有利条件。进一步完善信贷准入标准,对不同的工业企业实施差别化策略,例如对于智能化、绿色化等技术附加值较高的战略性新兴产业,应引导金融部门加大对这些行业的贷款支持,全方位服务"中国制造"。坚决降低对于传统的产业严重过剩行业的信贷支持,对于落后不达标的落后产能,实行坚决退出的政策。对于国家在"十三五"规划乃至中长期要求的新能源行业,在风险可控的条件下,予以重点支持。加快工业信贷产品创新,推动工业与互联网深度融合,培育工业发展新动能。大力发展绿色信贷业务,积极支持工业领域中的节能环保项目。完善工业信贷管理体制机制,继续有效降低中小企业的融资门槛,切实缓解企业的债务压力。切实解决好企业续贷问题,完善企业贷款政策实施细则,丰富贷款服务品种;进一步清理不规范项目,降低过高的收费标准;完善绩效考核机制;缩短工业企业融资链条,清理层层加码加价的不良行为。拓宽融资渠道,鼓励工业企业兼并重组,发挥市场机制在其中的决定性导向作用。

附录一

聚力打造中国制造业竞争新优势[*]

史 丹 李晓华 李鹏飞 邓 洲

中国拥有全球规模最大、链条和配套最完善的制造业体系,制造业也是中国最具国际竞争优势的经济部门,是改革开放以来推动中国经济高速发展最重要的力量。随着中国工业化水平的不断提高,制造业传统要素条件和优势亦随之发生变化,同时还面临更加复杂的全球竞争形势,以及融入新一轮科技革命和产业变革下国际分工新格局的挑战。对此,中国制造业必须加快转型升级,不断提高发展质量,在巩固传统竞争优势的同时培育新的竞争优势。

(一)国际分工格局发生深刻变化

当前,新一轮科技革命和产业变革潮涌,同时

[*] 原文载《经济日报》2019年7月10日。

受国际金融危机影响,世界各国对发展制造业的态度也产生了明显转变,全球制造业的竞争形势呈现出新的面貌。

一方面,以美国为代表的发达经济体认识到离岸外包造成的产业空心化危害,以及制造业对支持创新、促进就业的重要作用,纷纷提出重振制造业的战略,促进制造业回流。比如,美国2009年以来接连发布《重振美国制造业政策框架》《美国制造业促进法案》《美国先进制造业领导战略》等;德国发布的《国家工业战略2030》草案提出,2030年,其工业增加值占GDP的比重要提高到25%。另一方面,一些发展中国家加快基础设施建设步伐,加大招商引资力度,积极承接劳动密集型产业的国际转移。

在此背景下,中国提出高质量发展,促进产业加快转型升级,在质量变革、效率变革、动力变革方面取得明显进展。主要表现为:一些存在短板的产业基础领域(如工业元器件、新材料)有了明显进步,减轻了对进口的依赖;在高科技最终产品上取得重大突破,如掌握自主知识产权的复兴号高铁实现了量产;一些高技术消费品的技术水平、市场份额、品牌影响力显著提高;数字经济领域的技术创新和商业模式创新处于世界领先地位;新一代信息技术在各行业的应用持续推进，制造业的生产效率和服务能力显著增强；经济的绿色发展水平明显提升，节能环保等绿色产业快速增长，等等。

需要注意的是，受国际经济形势变化和各国产业发展战略调整的影响，国际分工格局发生了明显变化。一是发展中国家经济快速增长，发展中国家特别是亚太地区在世界经济、国际贸易和直接投资中的地位不断提升。二是劳动密集型产业国际分工孕育重大变化。一些发展中国家的要素成本优势不断转化为产业优势，全球劳动密集型产业的重心也在出现转移。比如，越南的纺织服装出口就连续多年保持两位数的增速，成为继中国、印度后的全球第三大纺织服装出口大国。三是服务贸易和数字经济在国际分工中的重要性显著提高。数字技术能够支撑制造业企业基于产品开发更多的高附加值增值服务，在经济中的比重越来越大。比如，按照较宽的口径统计，中国和美国的数字经济占GDP的比重已超过30%。与此同时，数字经济在国际贸易中的比重也在不断提高。值得注意的是，数字经济领域呈现出中国和美国领先的态势。美国是世界科技创新中心，拥有一批行业领先企业；中国拥有的个人用户和企业用户数量众多，更容易形成有足够用户基础的企业，在数字经济领域后来居上，成为发展规模仅次于美国的国家。

总的来看,新一轮科技革命和产业变革正在全球兴起,世界主要国家均着眼于新工业革命和新发展机遇,发布了一系列支持制造业发展和创新的政策,以期获得更好的国际分工地位,无论是传统领域还是前沿科技领域的竞争都将日趋激烈。

(二) 制造业传统优势呈现新趋势

在国际分工格局发生深刻变化的背景下,中国制造业的传统优势也随之发生变化。

第一,劳动密集型产业成本优势弱化。长期以来,劳动力、土地等制造业的要素成本较低是中国承接发达国家产业转移、参与制造业国际分工的基础性优势。但近年来,中国制造业人力成本连年增长,这在相当程度上弱化了中国劳动密集型产业的竞争优势。人力成本持续上升,也使中国技术密集型产业形成国际竞争力面临更大挑战。尽管从整体上看,中国与发达经济体相比,制造业人力成本仍然较低,还有相对的劳动生产率优势,但在先进制造业领域,中国不但没有成本优势,而且存在较为沉重的成本负担。比如,对于集成电路产业的高端技术研发人才和管理人才,国内企业要付出3—5倍的薪酬溢价才能从韩国、日本等国家和地区招聘合适的人选。可以说，高素质人力资源供给不足及其带来的成本负担，是中国制造业转型升级面临的巨大挑战。

第二，市场规模优势日益凸显。尽管在全球产业分工不断深化、全球市场持续一体化的背景下，制造业可以利用国际市场获得发展。但理论上，本土市场的互动效应、市场规模的诱致效应、本土市场规模的终端需求效应会对本土产业升级产生更重要的积极影响。国际经验也表明，对于大国的制造业特别是高技术制造业而言，稳定增长的国内市场是助推其发展的"无价之宝"。比如，在半导体产业发展初期，美国国内的需求就比世界其他国家的总需求都要高。正是美国国内如此庞大的市场需求，为其半导体研发和产品改善提供了宝贵的"试验田"，从而为美国在此后的ICT技术革命及产业应用中领跑全球打下了坚实的基础。目前，中国的市场需求规模已与美国不相上下，即使中国GDP保持中高速增长，随着经济新常态下内需驱动力的进一步增强，人均GDP水平的提高，中国国内市场的规模仍将持续快速增长，这将为中国制造业发展提供强大的本土市场优势。

第三，完备的产业链配套优势将会持续。中国已形成涵盖各类加工制造业和装备制造业的比较完备的制造业体系，既能够满足居民和政府部门的物质消费需求，又能为国民经济各部门的简单再生产活动和扩大再生产活动提供技术装备。完善的产业配套优势，一方面使制造业发展有其上下游辅助配套和需求市场，优化了制造业的产品结构；另一方面则意味着不同类型、不同要素密集度的加工、生产、组装等制造环节相辅相成并各自发挥作用。完备的产业链配套，显著缩短了中国制造业创新的产业化周期，能让技术创新成果更快"开花结果"，这对于技术密集型产业特别是新兴产业来说是十分重要的优势。整体上看，除了少数先进制造业的装备、零部件和材料配套能力相对较弱，我国制造业产业链配套能力处于全球前列。

第四，不断完善的产业基础设施优势增强。经过持续多年的大规模基础设施建设，目前中国产业基础设施水平处在发展中国家前列，在部分领域甚至超过一些发达国家，这为中国制造业发展提供了极大便利。以能源基础设施为例，在与制造业关联最紧密的电力基础设施领域，中国在发展中国家处于领先地位；在电网发展最前沿的智能电网建设中，中国处在与发达国家并肩的位置；中国物流方面的硬件基础设施的质量较高，在发展中国家和新兴经济体国家中位居首位，包括海关通关等物流服务在内的物流综合绩效领先所有发展中国家。

第五，空间梯度发展优势潜力巨大。东、中、西部的发展差异是中国推动区域协调发展的难点所在，但也是延续并维持已有比较优势的潜力所在。"雁阵模式"等区域产业分工理论认为，产业会随着地区要素禀赋的变化而进行跨区域再配置，形成有梯度次序的"雁阵"空间发展模式。具体到中国，东部地区的劳动密集型产业在当地已不具备优势的情形下向中西部地区转移，在生产流程改进升级的基础上可以维持甚至强化原有的比较优势。

第六，产业集群集聚优势需进一步升级。产业集群集聚现象会促进制造业企业知识生产能力和知识转移能力的提高，从而为制造业发展提供良好知识交流和技术创新环境。具体到中国的情况，技术水平相对较低的行业处于低集聚状态，技术水平较高的制造业行业的集聚程度则更高。但与发达国家相比，中国能对全球产业发展产生重要影响的世界级产业集群还比较少，很多同类企业只是聚集在临近的地理区域，相互间的知识交流、资源共享并不多见，因此，如何提升产业集聚区的知识交流强度和知识生产能力，形成根植于产业集群的竞争优势，是我国制造业未来发展的一个重点。

(三) 培育制造业竞争新优势的着力点

面对新的发展形势，更好培育中国制造业新竞争优势，要围绕以下几个重点发力。

一是不断提高投入要素的质量。要在科技投入方面适应中国科技整体水平由"跟跑"向"并跑"和"领跑"的角色转变，创建高效、公平、开放的技术研发、交易、转化环境，重点支持具有全球影响力的前沿技术研发，参与国际技术研发合作与分工。要进一步优化资源和能源消费结构，提高绿色能源比重，提升资源回收水平，发展替代性新材料，加强关键资源的战略储备。要不断提高劳动力素质，优化人才培养、成长和引进环境，无论是学校教育还是职业教育都要根据科技革命的变化进行调整和改革，形成满足新时期发展要求的中高端人才库和产业工人群体。

还要看到，随着信息社会的深入发展，数据信息成为新的投入要素，中国是全球数据资源增长最快的国家之一，数据传输和处理能力全球领先，要尽快补齐现存短板，促进优势数据要素资源在制造业转型升级方面发挥积极作用。

二是依靠新一代信息技术推动智能制造发展。以大数据、云计算、物联网、人工智能为代表的新一代信息技术与制造业深度融合，对破解我国制造业发展瓶颈和形成新的竞争优势可起到积极作用。要重点围绕提升制造业生产效率和效益、缓解人力成本上涨压力、提高生产的柔性化程度、准确预测市场与匹配供需、提升制造业质量控制能力等亟待解决和突破的问题，更好推动新一代信息技术在制造业领域的应用场景创新。

三是切实推动制造业与服务业融合发展。制造业与服务业之间的边界正在模糊甚至消失，无论是对于制造业中传统产业的改造、新兴产业的培育，还是服务业结构的升级，加强两者的融合都是重要的路径，也是发展的趋势。近年来，中国企业不断创新，探索出了几条适合中国国情的制造业与服务业融合发展路径，未来还需要在加强要素层面的深度融合、提升用户价值、降低生产经营成本、提高制造业效率和效益、促进业态创新和发展新兴生产性服务业等方面进一步加强制造业与服务业的融合发展。

四是加快发展具有战略意义的新兴产业和优化新兴产业区域布局。新兴产业具有更优的生产函数、可集聚更高端的人才和更先进的生产技术、满足更具前景的市场需求；新兴产业在发展方式转变和产业转型升级中能起到示范和带动作用，带动传统产业的改造与升级；新兴产业还是创新成果积累的重要载体。"十三五"以来，各地区将信息技术、高端装备制造、新材料、生物、新能源汽车、能源新技术、节能环保等列入重点发展产业，同时也出现了低端重复投资以及新兴的过剩和高端的过剩等问题。更好培育和发展新兴产业，各地既要关注新出现的战略机遇，也要在制定新兴产业发展规划时着眼于适应自身条件和基础，明确重点和方向，避免低水平重复建设，不断优化新兴产业的区域布局。

附录二

主要经济体经济指标

附表1　　　　　主要经济体生产指数

	美国	日本	欧元区	印度	俄罗斯	南非	巴西
2018年1月	106.27	101.40	106.50	132.30	106.50	101.10	89.20
2018年2月	106.64	104.00	105.50	127.40	106.00	99.40	89.00
2018年3月	107.25	105.10	105.80	140.30	107.10	100.20	89.40
2018年4月	108.22	104.50	105.30	122.60	106.70	98.80	89.90
2018年5月	107.36	104.80	106.40	129.60	108.10	100.90	79.90
2018年6月	108.17	103.70	106.10	127.70	107.00	101.40	90.10
2018年7月	108.65	103.80	105.30	125.70	107.30	102.30	89.90
2018年8月	109.52	103.60	106.50	128.00	107.70	102.40	89.30
2018年9月	109.67	103.50	106.00	128.80	108.00	101.60	87.40
2018年10月	109.92	105.60	105.90	132.80	108.00	102.80	87.70
2018年11月	110.51	104.60	104.60	126.10	107.70	102.90	87.60
2018年12月	110.55	104.80	103.60	133.90	107.90	103.40	87.80
2019年1月	110.12	102.10	105.70	134.40	108.10	101.50	87.20
2019年2月	109.58	102.80	105.70	127.60	109.50	100.00	87.70
2019年3月	109.69	102.20	105.40	144.10	109.00	100.70	86.50
2019年4月	109.18	102.80	105.00	127.90	110.40	103.10	86.80
2019年5月	109.64	104.90	105.90	135.50	109.50	101.10	86.70
2019年6月	109.60	101.20		130.20	110.70	99.60	86.20

资料来源：WIND。

附表2　　　　　　　　　主要经济体产能利用率

	美国	日本	欧元区
2018年1月	77.61	100.20	
2018年2月	77.82	102.80	
2018年3月	78.19	103.70	83.80
2018年4月	78.80	104.30	
2018年5月	78.08	104.00	
2018年6月	78.55	101.50	83.80
2018年7月	78.78	101.30	
2018年8月	79.28	102.80	
2018年9月	79.25	101.70	84.00
2018年10月	79.29	104.80	
2018年11月	79.57	105.00	
2018年12月	79.46	104.20	83.60
2019年1月	79.00	100.00	
2019年2月	78.47	101.00	
2019年3月	78.40	100.60	83.20
2019年4月	77.90	102.20	
2019年5月	78.09	103.90	
2019年6月	77.92		82.70

资料来源：WIND。

附表3　　　　　　　　　主要经济体工业生产者价格

	美国	日本	欧元区	印度	俄罗斯	南非	巴西
2018年1月	2.66	2.66	1.50	116.00	5.00	5.10	4.08
2018年2月	2.45	2.45	1.60	116.10	5.70	4.20	4.68
2018年3月	2.04	2.04	1.90	116.30	4.80	3.70	5.73
2018年4月	2.24	2.24	1.80	117.30	7.50	4.40	7.44
2018年5月	2.74	2.74	3.00	118.30	12.00	4.60	9.68
2018年6月	2.84	2.84	3.60	119.10	16.10	5.90	11.98
2018年7月	3.14	3.14	4.20	119.90	16.60	6.10	14.30
2018年8月	3.14	3.14	4.30	120.10	15.30	6.30	15.12
2018年9月	3.03	3.03	4.60	120.90	14.40	6.20	16.70
2018年10月	3.02	3.02	4.90	122.00	16.90	6.90	14.28
2018年11月	2.30	2.30	4.00	121.60	16.80	6.80	10.60

续表

	美国	日本	欧元区	印度	俄罗斯	南非	巴西
2018年12月	1.40	1.40	3.00	119.70	11.70	5.20	8.96
2019年1月	0.60	0.60	2.90	119.20	9.50	4.10	7.98
2019年2月	0.90	0.90	3.00	119.50	9.00	4.70	7.82
2019年3月	1.30	1.30	2.90	119.90	10.90	6.20	8.02
2019年4月	1.19	1.19	2.60	121.10	10.70	6.50	7.70
2019年5月	0.59	0.59	1.60	121.20	8.60	6.40	6.14
2019年6月	-0.10	-0.10	0.70	121.50	4.10	5.80	2.69

资料来源：WIND。

附表4　　主要经济体工业PMI

	美国	日本	欧元区	印度	俄罗斯	南非	巴西
2018年1月	59.10	54.80	59.60	52.40	52.10	49.18	49.00
2018年2月	60.80	54.10	58.60	52.10	50.20	50.02	51.40
2018年3月	59.30	53.10	56.60	51.00	50.60	46.66	51.10
2018年4月	57.30	53.80	56.20	51.60	51.30	49.05	50.40
2018年5月	58.70	52.80	55.50	51.20	49.80	49.41	50.00
2018年6月	60.20	53.00	54.90	53.10	49.50	48.02	50.90
2018年7月	58.10	52.30	55.10	52.30	48.10	49.93	49.30
2018年8月	61.30	52.50	54.60	51.70	48.90	45.20	47.20
2018年9月	59.80	52.50	53.20	52.20	50.00	44.55	48.00
2018年10月	57.70	52.90	52.00	53.10	51.30	42.40	46.90
2018年11月	59.30	52.20	51.80	54.00	52.60	49.50	48.20
2018年12月	54.30	52.60	51.40	53.20	51.70	50.70	49.00
2019年1月	56.60	50.30	50.50	53.90	50.90	49.90	49.60
2019年2月	54.20	48.90	49.30	54.30	50.10	46.20	50.20
2019年3月	55.30	49.20	47.50	52.60	52.80	45.00	48.80
2019年4月	52.80	50.20	47.90	51.80	51.80	47.20	50.30
2019年5月	52.10	49.80	47.70	52.70	49.80	45.40	49.30
2019年6月	51.70	49.30	47.60	52.10	48.60	46.20	49.70

资料来源：WIND。

附表 5　　　　　　　　　　主要经济体对外贸易

	美国（百万美元）			日本（百万日元）		
	出口	进口	净出口	出口	进口	净出口
2018 年 1 月	202575.00	254689.00	-52113.00	6805704.00	6434150.00	371554.00
2018 年 2 月	205607.00	259425.00	-53818.00	6724990.00	7099334.00	-374344.00
2018 年 3 月	209937.00	257114.00	-47177.00	6549579.00	6524876.00	24703.00
2018 年 4 月	208883.00	257102.00	-48218.00	6838156.00	6373305.00	464851.00
2018 年 5 月	213341.00	257692.00	-44352.00	6900289.00	7071753.00	-171464.00
2018 年 6 月	210967.00	258398.00	-47431.00	6807807.00	6761533.00	46274.00
2018 年 7 月	208734.00	261175.00	-52442.00	6868374.00	6903327.00	-34953.00
2018 年 8 月	207758.00	262647.00	-54889.00	6883884.00	7078161.00	-194277.00
2018 年 9 月	209747.00	265840.00	-56094.00	6749429.00	6951860.00	-202431.00
2018 年 10 月	210124.00	266816.00	-56692.00	7016777.00	7282465.00	-265688.00
2018 年 11 月	207976.00	261623.00	-53647.00	6758128.00	7218940.00	-460812.00
2018 年 12 月	205661.00	266468.00	-60807.00	6668517.00	6890853.00	-222336.00
2019 年 1 月	207382.00	260082.00	-52700.00	6221678.00	6465336.00	-243658.00
2019 年 2 月	209652.00	259655.00	-50003.00	6630933.00	6637179.00	-6246.00
2019 年 3 月	211411.00	263317.00	-51906.00	6552909.00	6757061.00	-204152.00
2019 年 4 月	206411.00	257635.00	-51224.00	6578549.00	6701402.00	-122853.00
2019 年 5 月	210689.00	266033.00	-55344.00	6252843.00	6874298.00	-621455.00
2019 年 6 月	206300.00	261454.00	-55154.00	6554367.00	6568766.00	-14399.00

	欧元区（百万欧元）			印度（千万卢比）		
	出口	进口	净出口	出口	进口	净出口
2018 年 1 月	171036.30	189980.20	18943.80	161687.01	259009.88	-97322.88
2018 年 2 月	166119.00	184216.90	18097.90	167569.65	243791.77	-76222.12
2018 年 3 月	166189.30	186973.50	20784.30	189647.82	278298.74	-88650.92
2018 年 4 月	169740.30	187785.80	18045.50	170330.74	262219.91	-91889.16
2018 年 5 月	171261.70	187779.00	16517.30	194928.45	293660.48	-98732.03
2018 年 6 月	174958.50	191119.20	16160.70	187800.20	300351.83	-112551.63
2018 年 7 月	177160.20	189371.40	12211.10	177284.84	304912.65	-127627.82
2018 年 8 月	176410.50	192940.80	16530.30	193430.35	317995.54	-124565.19
2018 年 9 月	177737.90	190699.80	12961.90	201055.45	309227.70	-108172.25
2018 年 10 月	180705.20	194179.00	13473.80	196143.24	328974.68	-132831.44
2018 年 11 月	177628.70	192627.10	14998.40	186930.92	313634.10	-126703.18
2018 年 12 月	177320.00	192994.50	15674.40	196677.11	299505.36	-102828.25
2019 年 1 月	177882.20	194971.00	17088.80	186325.37	290718.14	-104392.77

续表

	欧元区（百万欧元）			印度（千万卢比）		
	出口	进口	净出口	出口	进口	净出口
2019年2月	174878.70	195235.40	20356.70	190287.75	258347.37	-68059.62
2019年3月	179051.50	197946.20	18894.70	226461.98	301814.05	-75352.07
2019年4月	177181.90	192916.80	15734.90	180998.09	287436.86	-106438.77
2019年5月	175350.00	195588.50	20238.50	209280.62	316448.93	-107168.31
2019年6月				173682.55	279771.07	-106088.52

	俄罗斯（百万美元）			南非（百万兰特）		
	出口	进口	净出口	出口	进口	净出口
2018年1月	33604.00	16677.00	16927.00	80855.31	107977.80	-27122.49
2018年2月	31298.00	19119.00	12179.00	90013.35	90616.63	-603.28
2018年3月	36627.00	21650.00	14977.00	98101.62	88799.03	9302.59
2018年4月	35986.00	20976.00	15010.00	88454.60	87287.65	1166.96
2018年5月	36502.00	21347.00	15155.00	102879.90	99036.04	3843.86
2018年6月	36286.00	21085.00	15201.00	110031.26	98145.85	11885.40
2018年7月	34346.00	21226.00	13120.00	106851.40	112145.59	-5294.19
2018年8月	37463.00	21666.00	15797.00	116758.70	107989.48	8769.22
2018年9月	38629.00	19793.00	18836.00	112792.05	116618.44	-3826.39
2018年10月	41296.00	21488.00	19808.00	121631.35	125916.87	-4285.52
2018年11月	40254.00	21269.00	18985.00	118670.30	115384.64	3285.67
2018年12月	40838.00	22408.00	18430.00	102310.53	85614.64	16695.89
2019年1月	30820.00	16423.00	14397.00	88638.66	101705.44	-13066.79
2019年2月	34751.00	18234.00	16517.00	98078.13	94210.94	3867.19
2019年3月	36808.00	20917.00	15891.00	105095.05	100389.58	4705.47
2019年4月	35655.00	21950.00	13705.00	103639.84	107164.86	-3525.02
2019年5月	31592.00	19769.00	11823.00	111785.16	110088.84	1696.33
2019年6月	32476.00	19968.00	12508.00	108173.85	103754.35	4419.50

	巴西（百万美元）		
	出口	进口	净出口
2018年1月	17027.28	14202.77	2824.52
2018年2月	17410.06	14411.34	2998.72
2018年3月	20228.66	13808.69	6419.98
2018年4月	19712.80	13792.17	5920.63
2018年5月	19325.06	13260.79	6064.27
2018年6月	20114.05	14324.85	5789.20
2018年7月	22524.53	18651.02	3873.51
2018年8月	21552.69	18778.07	2774.62
2018年9月	19187.20	14115.91	5071.29

续表

	巴西（百万美元）		
	出口	进口	净出口
2018年10月	21897.54	16105.96	5791.59
2018年11月	20939.08	16862.25	4076.82
2018年12月	19345.02	12916.75	6428.27
2019年1月	18104.53	16387.52	1717.01
2019年2月	15905.48	12621.96	3283.51
2019年3月	17647.00	13131.32	4515.67
2019年4月	19471.79	13627.50	5844.28
2019年5月	20688.59	14971.04	5717.54
2019年6月	18024.89	13027.18	4997.71

资料来源：WIND。